アオキくんはいつもナス味噌

大学教師、青春の棚卸し

青木人志

目次

プロローグ

青春の棚卸し
――「まえがき」にかえて

かつて一橋大学で隣の研究室にいらした中田裕康先生（一橋大学名誉教授・東京大学名誉教授）から、昨年、『研究者への道』（有斐閣）という美しい御著書を頂戴した。大学の教壇から退かれたのを記念して同書を出版なさったという。先生は私より一〇歳年長である。いつか自分もこんな本を出したいものだと思った。

しかし、考えてみたら、私自身も定年目前である。一橋大学教授の定年は六三歳。私は今年六三歳になるので二〇二五年三月末で定年である。助教授に着任したのが一九九五年四月であったから、定年時にはまる三〇年勤務したことになる。あっという間だった気もするし、ずいぶん長く働いたものだとも思う。定年後も希望すれば特任教授という肩書で六五歳まで教壇に立つことができるとはいえ、

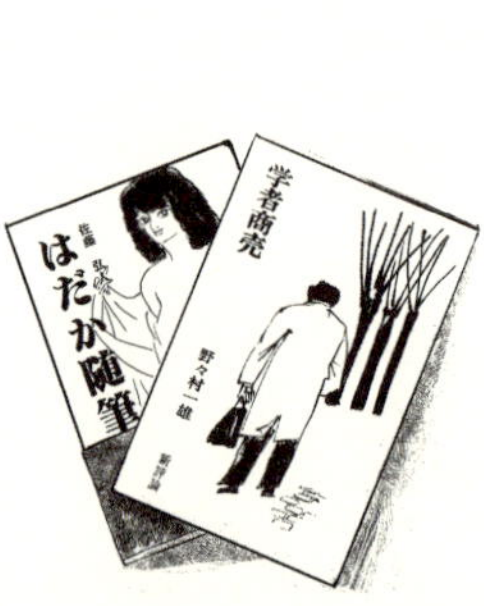

職業生活の一区切りを来春迎えることは間違いない。

法学界には祝賀論文集という風習がある。誰でも出してもらえるものではない。立派な業績と人徳を兼ね備えた方だけの特権である。その先生の還暦や古稀にあわせて出版できるように友人や門下生たちが論文集を編み、執筆者たちがお祝いを兼ねた献呈式を行う。

私には業績も人徳も足りないが、にわかに名案が浮かんだ。

「そうだ、この際、自分で定年祝賀文集を書いてしまおう」

与えられたテーマで文章や論文を書くのは簡単ではないし、苦しい。自分の書きたいことだけ書けばいいとなると、もはや愉しみしかない。さて、何を書こうか。

大学教師の仕事は研究、教育、学内行政と大きく分けて三つある。

断然好きなのは教育である。振り返ってみると、母校の一橋大学で後輩の若い学生諸君、とりわけ私のゼミナールを選んでくれた学生諸君と一緒に過ごす時間は、なんとも贅沢で楽しいものであった。

大学教員は学生との接し方（裏からいうと距離の取り方）が人によりかなり違う。なによりも研究が大事だと考えている人もいる。寸暇を惜しんで研究に打ち込みたいタイプである。そういう人は、職務上の義務だから教育もちゃんとやるけれども、自らの存在価値を賭ける場所はそこにはない、と考えているように見える。

彼らと違って私は、学生諸君と接する時間が何よりも好きだ。私自身の大学教師としてのアイデンティティの置き所も教室にあると考えている。私は生来「人が好き」なのかもしれない。

学内行政の仕事は好きではない。組織運営をやりたくて大学院に進学したり大学教師を目指したりする人はいない。だから、大学運営にかかわる仕事を好まないという点については、ほとんどの大学教師の意見が一致するに違いない。

しかし、皮肉なもので、これまでの私の職業生活の後半は、学内運営に膨大な時間とエネルギーをとられるものだった。この一五年ほどの間に、様々な役職をほぼ休むことなく務めてきた。どれも大学組織の運営のために、誰かがやらなければならない仕事である。そして、その役職に就くことは、組織人としては誇らしいことでもあった。なぜならば、それらは立候補するものではなく、教授会の同僚や学長・副学長といった方々に選ばれて就任するものだからである。私自身は、同僚たちの信頼にこたえるべく、誠実に努力してきたつもりである。他人様からの評価はいざ知らず、母校でもある勤務先への恩返しはすでに済んだ、と自分では考えている。じつにさっぱりとした心境である。

私の育った実家には、誰の筆か知らぬが「陳去新来」と揮毫された扁額があった。近年のIT技術の長足の進歩と、コミュニケーションのあり方の高速の変化を目の当たりにして、自分は、研究者としても、教師としても、そして大学運営者としても、すでに陳腐化していると薄々感じている。「薄々」しか気づかないところが、陳腐化のまぎれもない証拠かもしれない。もはや、あとはよろしくと言っても無責任ではないし、むしろ後輩にバトンを渡すことが果たすべき責任であろう。

この本では、そんな境地に到達した中、学生時代そして大学教師として過ごした長い歳月を振り返ってみた。とりわけ若い時代の思い出たちは反芻するたびに懐かしく、いとおしい青春の「棚卸し」

をしているような気になった。

自ら定年祝賀文集を書くと決めたあと、どのような内容にするかは、だいぶ考えた。愛着はあるが目立たない自分の既発表論文を一冊に編むことも検討した。しかし、公表済の論文は専門家なら容易に検索可能だし、それらを集めてみても一般の読者には面白くなさそうだ。ましてや大学行政について書くなど論外である。意見や感慨がないではないが、そもそも書きたい話がひとつもない。

結局、好きな教育だけが残る。これならば、かつての学生として、また、定年間際の教師として、いろいろな思い出がある。

このさい白状すると、かつて一橋大学教授が書いた随筆で巷間広く流布した本が少なくとも二冊あったことが、すぐに頭をよぎった。大学教師は「もの書き」の一種だとはいえ、研究論文や専門書を書くことが本来の仕事なので、ほとんどの人はベストセラーとは無縁のまま退職し、一生を終える。ただし、エッセイ集となると話は別で、ごくたまにではあれ大学教師がヒットを飛ばすこともある。お恥ずかしいが、私も欲をかいて、売れる秘訣を職場の先達に学んでみようとしたのである。

その二冊のベストセラーというのは、佐藤弘人著『はだか随筆』（初版は一九五四年）と、野々村一雄著『学者商売』（初版は一九六〇年）である。どちらもたいそう古い本だが、前者は神保町の古書店でみつけ、後者は人に頂戴し、ともに私の書架にある。久しぶりに取り出して読んでみた。前者を書いた佐藤弘教授（弘人はペンネーム）は経済地理学を教えていた理学博士で、後者を書いた野々村一雄教授は経済研究所に勤務していたソヴィエト経済の専門家である。

まずは『はだか随筆』である。私の所蔵本は一九八〇年に出た新装版（K・K・ダイナミックセラーズ版）で、そのカバー絵は小島功さんの描く「はだか女性」である。内容は推して知るべし。コンプライアンスの観点から、現代ではまったく参考にならない（参考にしてはいけない）ことが目次を一瞥しただけで確信できる。著者の佐藤教授ご自身も、「図書館や研究室では、あまりおかないで下さい。」と書いているほどで、調べてみたら、その願いどおり、この本は一橋大学図書館には収蔵されていなかった。シモネタ方面の雑談を交えた佐藤教授の講義は、当時の学生には大人気で、教室はいつも満杯であったという。これは、かつて一橋大生として同教授の講筵に連なった私の亡父の生前の証言である。さもありなん。

次に、『学者商売』を手に取ってみた。私の蔵書は一九七八年に新評論から出た新装版で、カバーには哀愁漂うイラストが描かれている。装丁は清水隆志さん。こちらの本は一橋大学の図書館にちゃんと収蔵されている。

しかし、あらためて通読してみて、これまた参考にならないと判断せざるを得なかった。同書のすごさと面白さは、野々村先生が家庭内の出来事を赤裸々に書いているところにある。原稿料の前借り、質屋の利用、給料差押えの警告、お子さんの学校からの授業料納入督促、なじみの書店にたまるツケ、といった数々の貧乏エピソードは、通常は蛮勇をふるわないと書けないだろう。それどころか、妻子ある先生は、御自身のほのかな恋愛談や、ほのかではない恋愛談まで、あけすけに書いていらっしゃる。圧巻は、浮気旅行について奥様に追及されて泥を吐くまでの詳細な記録であり、こうなるともはや凡人のなしうるわざではない。なお、この本の「あとがき」は野々村先生の奥様がお書きになっている。「多少、デフォルメされ、また、誇張された部分はあるにしても、だいたい事実である。」とある。奥様もまた豪傑だった。

ベストセラーへの道はかくも厳しい、ということを悟った私は、一発当てて印税で儲けるという邪心を捨て、教育にまつわる私的回想を中心に、身の丈にあった文章を書いて本書に収録することにした。私的な思い出話が中心の本だとはいえ、この本を手に取ってくださった読者諸賢が楽しめる文章が含まれていることを願っている。

なお、本書のタイトルは「アオキくんはいつもナス味噌」とした。この一風変わったタイトルは、本書収録の「『おじさん』との別れ」という文章からとった。学生時代に通いつめた中華料理屋「龍園」のおばさん、梶山孝子さんのセリフである。

第一部　恩師を語る

福田平先生と私

一　福田平先生とその門下生たち

法学教師として大学で研究・教育に従事してきた私にとって、職業人生最大の恩人は福田平先生であるといって間違いない。私は先生に学部と大学院を通じて親しく御指導を賜り、先生に育てていただいたからである。

福田平先生は一九二三年（大正一二年）一一月に関東大震災後間もない東京に生まれた。父上は弁護士、母上は医師であった。府立第一中学校、府立高等学校を経て一九四二年に東京帝国大学法学部に進学した。若くして大秀才であったに違いない。その証拠に先生は府立第一中学校から府立高等学

校に進む際に一年飛び級し、いわゆる「四修」(旧制中学五年の課程を四年で修了)で進学している。先生の学生時代は戦争の時代と重なる。先生もまた東京帝国大学法学部在学中の一九四三年に学徒動員により陸軍に臨時召集され、陸軍主計少尉として終戦を迎えた。召集が解除されるとすぐに東京帝国大学法学部に復学し、一九四七年に同学部を卒業した。先生は東京「帝国」大学の最後の卒業生の一人である。卒業後は、団藤重光教授のもとで大学院特別研究生として刑法学の研究を始めた。そのわずか三年後、一九五〇年に神戸大学法学部助教授に就任(一九五八年に教授に昇任)したのを皮切りに、東京教育大学、一橋大学、東海大学、駿河台大学の教授を歴任し、刑法学の研究と教育に長年従事した。生涯を閉じたのは二〇一九年一月。九五歳の長命であった。

刑法学者としての先生の学問的業績については、学部・大学院を通じて私の二学年先輩で、一橋大学の刑法講座を福田先生から引き継いだ橋本正博さんの追悼文(「福田平先生を偲ぶ」刑事法ジャーナル六〇号)と、慶應義塾大学大学院に出講していた先生に指導を受けた井田良教授による追悼文(「福田平先生と目的的行為論」同六二号)に詳しい。これらは先生の御研究のいちばんの理解者である二人の碩学の筆によるもので、私がそこに付け加えることは何もない。

私がこれから書こうとしているのは先生の学問上の御功績についてではなく、長年の交流の中で垣間見た先生の教師としての御姿勢やお人柄に関する追想の諸断片である。

私は客観的には「不肖の弟子」に分類されてもおかしくない。私が書いた本や論文だけから福田門下であることを当てられる人はほとんどいない。実際、どなたのお弟子さんなのですかと聞かれたことは何度もある。そもそも先生は門下生の研究について強制も矯正もなさらない、たいへん寛容な指導者であった。くわえて私は一橋大学大学院福田ゼミの最後の弟子でもあったため、いっそう甘やかしていただけたのかもしれない。

この点について少し補足しよう。学部の福田ゼミにまで話を広げると私の二学年下に東海大学教授となった内山安夫さんがいる。その意味では内山さんが一橋大学における最後の弟子となる。しかし、内山さんの大学院での指導教授は福田先生ではなかったため、「一橋大学大学院福田ゼミ」に話を限定すると、私が「末っ子」ということになる。

橋本正博さんより年長の大学院福田ゼミの先輩で大学教師になった方には、都築廣巳、上口裕、宮城啓子、菊池京子といった方々がいる。学部福田ゼミ出身者では弁護士から一橋大学教授になった村岡啓一さんもいる。

また、先生が一橋大学を定年後に移籍した東海大学大学院での門下生に萩原伸介さんがいる。

二　福田平先生との出会い

山梨県富士吉田市に生まれ育った私は、一九八〇年（昭和五五年）に山梨県立富士河口湖高校を卒業して一橋大学法学部に入学した。父は一橋大学商学部を卒業したサラリーマンであったが、母校愛がきわめて強かった。さらに私の長兄も父と同じ一橋大学商学部に学んでいたし、叔父にも同じく商学部の卒業生がいた。進学先の大学選びにはそういった環境の影響が大きかった。また次兄が慶應義塾大学の経済学部に学んでいたことが学部選びに影響した。長兄が「商」学部、次兄が「経済」学部、それなら自分は「法」学部に進学しようという気になった。

当時は国立大学を受験する場合、共通一次試験という試験を必ず受ける必要があった。現在の大学入学共通テストの源流となる試験である。現在とは違って、共通一次試験は国語、数学、英語、社会二科目、理科二科目の合計五教科七科目を、受験者全員がすべて受ける必要があった。配点は国語、数学、英語が二〇〇点で社会と理科の各二科目（合わせて四科目）はそれぞれ一〇〇点、合計一〇〇〇点満点であった。その後、それぞれの国立大学の独自の試験（二次試験）が行われるのだが、これまた現在と違って、国立大学は一つの大学しか受けられないシステムだった。

私の出身高校は田舎の無名県立高校であった。しかも新設校だったので先輩もいなかった。もっとも後年有名になった卒業生はいる。その代表は一学年後輩だった武藤敬司君である。のちにプロレス界のスーパースターとなる武藤君は柔道部員で、高校一年生にして山梨県チャンピオンであった。他にも運動能力の高い生徒が多かったので、体育の時間の私はつねに劣等生であった。たとえば天野久美子さんという国体少年女子スピードスケート五〇〇メートルの優勝選手も同学年にいた。私の高校は冬になると体育の授業がスピードスケートになるのだが、間近でみる天野さんの滑走は弾丸さながらであった。このようになんとも剛健な高校であったが、その一方、質実であったかというと、勉学環境に恵まれていたとは言い難かった。インターネットなどない時代である。故郷には進学予備校もなく、都会の進学校とのレベル格差も情報格差も大きかった。

しかし、逆境はかえって若者を奮起させるものである。私は高校三年間を通じて学校にも塾にも頼ることなく多くを独学で勉強し、共通一次試験も一橋大学の二次試験も好調のうちに終えた。

当時はどの大学でも屋外掲示板に合格者の受験番号と氏名を掲示する方式で合格発表が行われていた。合格発表の日、国立キャンパスの正門近くの掲示板で合格を確認したあと、さっそく入学手続きの窓口に赴いた。受験番号と氏名を確認した職員さんが「あっ」と小さく言って後ろにいた職員に何か耳打ちし「ちょっと中に入ってください」と言った。怪訝な思いで事務室に入った私に応対したのは窓口で私を呼び込んだ職員の上司とおぼしき方であったが、私をソファに座らせると、にこやかにこう告げた。「あなたが最高点でした。首席です。ついては入学式で新入生総代として誓詞朗読をしてもらえますか」と。

これは嬉しかった。環境が整っていなくとも努力次第でなんとかなるという具体的実感を得られたことは、その後の人生において大きな自信となった。

翌四月、国立キャンパスの兼松講堂で挙行された入学式で私は新入生総代となり、蓼沼謙一学長（法学部教授、労働法）に向かって誓詞を朗読し署名した。壇上には蓼沼学長の他、各学部の学部長も着座していた。商学部長が宮川公男、経済学部長が種瀬茂、社会学部長が良知力の各教授、そして法学部長が後に私の恩師となる福田平教授であった。この日、私は福田先生と初めて間近に対面した。先生と直接会話を交わすのは、さらにこの二年後のことである。

三　小平時代と刑法各論

当時の一橋大学は一年・二年のいわゆる教養課程を小平キャンパスで過ごし、専門課程つまり三年生になって初めて国立キャンパスに勉学の場を移した。小平キャンパスには教養課程の責任者である分校主事という役職の教授がいた。私が入学した時の分校主事はヴォルテール研究で知られた高橋安光教授であった。同先生は教養課程でフランス語の授業を担当しており、本当は「やすみつ」というお名前なのだが、学生たちは「アンコーさん」と親しみを込めて呼んでいた。

入学早々、私は強烈な出来事に遭遇した。国立キャンパスでの入学式を終えた翌日か翌々日のことである。あらためて小平キャンパスの講堂に集められた新入生は教務課からの細かな説明を受けた。その冒頭に高橋安光分校主事の挨拶があった。すらりと背筋が伸びたアンコーさんは、すたすたと大股で登壇し、良く通る声でいきなりこう言ったのである。

「私は諸君にはまったく興味がない。日本をこんなひどい国にしてしまった責任の一端は諸君の先輩である本学の卒業生にある。私にできることは、せいぜい諸君の冥福を祈ることだけである」

その間、ほんの一分。アンコーさんはそう言い終わると同時に再びすたすたと足早に降壇し、呆気にとられている新入生を残して、講堂からいなくなってしまった。いきなり頭をぶん殴られるような衝撃的な挨拶であった。現代ならネット上で大炎上必至であろう。本当にアンコーさんはそう言ったのである。そのあと説明に立った教務課職員は明らかに困惑しつつ、こう言った。

「えー、ただいま分校主事がお祝いを申し上げませんでしたので、私がなり代わりまして申し上げます。みなさん御入学おめでとうございます」

フランス語のクラスでも忘れがたい出来事があった。当時の大学運営の中心にいた重鎮教授はみな旧い時代の学校制度で育った方々であったせいか、小平の教養課程には旧制高校的な気風がまだかなり残っていた。良く言えば学生はあくまでも大人として遇された。悪く言えばまったく放任されていた。ただし、そんな時代でも語学と体育の先生だけは、毎回きちんと出席をとり、それを成績に反映させる教員がほとんどであった。ところが、アンコーさんは、フランス語のクラスでいつまでたっても出席をとろうとしなかった。あるときしびれを切らした真面目なクラスメートが、授業を終えて教室を出て行こうとした先生に教室後方から大きな声で呼びかけた。「せんせーっ、出席はとらないんですか？」と。アンコーさんはきっとした面持ちで向き直り、「そんなくだらんものは取らんっ！」と大音声で一喝し、そのまま去って行った。

教養課程には法律学の講義はさほど多くなかった。入門講義として「法学通論1」「法学通論2」という科目があり、私が履修した年は「1」を堀部政男教授と勝田有恒教授が半年ずつ担当し、「2」を非常勤講師の田口精一慶應義塾大学教授が通年で担当していた。「1」の二人の先生の講義はまったく関連性がなかった。堀部先生はアクセス権やプライバシーの話をひたすらなさり、勝田先生はサヴィニーについて熱心に語った。「2」の内容についての記憶はほとんどない。当時のカリキュラムでは教養課程における法学部生の必修科目とされていたのは「民法総論」だけであった。私法の基本原理と民法総則がその講義の中心であった。私は好美清光教授と島津一郎教授の講義を半年ずつ聴いた。そのほか私が履修したのは「憲法総論」と「刑法各論」である。前者はもともと杉原泰雄教授が担当していたが、私の入学時はちょうど杉原先生が学生部長の激職にあったためであろうか、非常勤講師として明治大学の吉田善明教授が担当していた。講義の内容は比較憲法が中心で、そもそも日本国憲法の講義を聴いたことがない私には難解であった。

「刑法各論」は福田平先生の担当であった。多くの大学では刑法の講義はまず総論、次に各論という順番で履修を勧めているはずだが、当時の一橋大学では抽象度の高い総論は三年生以上でしか履修できず、一、二年生にはむしろ具体的でわかりやすい部分もある各論の履修だけが認められていた。一橋大学法学部における初代刑法教授は植松正教授で二代目が福田平先生なので、植松・福田両先生のいずれかのお考えがカリキュラムに反映されていたのだろう。

福田先生は当時五十代半ばを過ぎた御年齢で、その授業は土曜日の午前中に置かれていた。当時の大学は土曜日も授業をやるのが普通であった。刑法各論の教室は横に広がっている大きな教室であったので、先生はいつもマイクを持参して教室に現れた。マイクをセットしてから講義を始めるのだが、先生の声の音量はほとんど増幅されず、いつもそのマイクに電源が入っているのか疑問に思えた。ただし、先生の声が聞き取りにくかったわけではない。先生は、やや早口に、軽やかな口調で、聞き取りやすい講義をなさった。教卓の椅子に着座しつつも時折身振り手振りを交えて語るので、その軽快な話しぶりから、福田先生は「落研」つまり落語研究会の出身だという噂話が、まことしやかに伝わって来たほどである。そんな話は先生から伺ったことがなく、おそらくその噂は虚偽であるが、そう言いたい気持はよくわかる。実際、福田ゼミの先輩の橋本正博さんと私は、先生のセリフに大笑いしたことがなんどかある。今でもよく覚えているのは、ボーッとした印象の某教授のことを評して「蹴っ飛ばすと明後日くらいになって気がつきそうなヤツ」とおっしゃったことである。まるで落語に出て来る職人の啖呵か、漱石の「坊っちゃん」のセリフである。実際、先生の発音は江戸っ子であった。新宿や原宿を「しんじゅく」、「はらじゅく」と言うのは嫌だな、とおっしゃったことがあった。あれは「しんじく」「はらじく」と発音するんだ、と。

先生が刑法各論の教科書に使っていたのは評論社から出版されていた『刑法各論』という小ぶりの御著書であった。先生の教科書は後年『刑法総論』『刑法各論』として有斐閣からあらためてハードカバーで出版されることになるのだが、当時は『総論』が有斐閣ブックスというソフトカバーのシリーズに入っており、『各論』はこの評論社版しかなかった。そのほか先生の著書として初学者の参考になった本としては、有斐閣選書から出ていた『市民のための刑法』という本があった。漫画家やパズル作家として活躍した「しとおきねお」氏のイラストが入った親しみやすい本である。

四　学部福田ゼミ

さて、三年生になるとすぐゼミ選考がある。一橋大学では昔も今もゼミナールを学部教育の中心においており、三年生の最初に選んだゼミでまる二年間勉強して卒業論文を書く。ちなみに法学部で卒業論文を必修にしている大学は数少ない。

私は福田平先生のゼミを選んだ。小平時代に学んだ憲法、民法、刑法の講義のうち刑法がいちばんわかりやすく先生の講義ぶりも好きであったところに、サークルの親しい先輩であった一学年上の市川速水さん（のちに朝日新聞の有名記者になる）が福田ゼミに入っていたというのも理由のひとつだった。

ゼミ選考の面接で私は初めて福田先生と直接会話した。先生はゼミの志望動機などを簡単に質問なさったが、面談はごくあっさりしたものであった。その日のうちに合格者が掲示板に貼り出され、私は福田ゼミの一員になった。やる気にあふれていたので最初の授業でゼミ幹事を決めるときに率先してその役を引き受けた。

私が最初にレポーターに当てられたのは文書偽造罪に関する判例を検討した回であった。文書偽造罪についての川端博教授の論文を読んで報告に臨んだことを覚えている。精一杯準備したつもりであったが、「この見解は通説ですか?」という質問を先生から受けて、いきなり絶句した。私は大学教授の書いた論文ならどれも同じように信頼できると素朴に考えていたので、自分が読んだ論文の学説が通説・判例と必ずしも一致するわけではないという常識を十分に意識していなかったのである。

次にレポーターになったのは自動改札機が設置された駅を利用したキセル乗車の企てが詐欺罪にな

るか、という判決例を検討する回であった。当時は東京都内の鉄道、たとえば私が毎日利用していた中央線でも自動改札は存在せず、ラッシュアワーには熟練の駅員が一枚一枚切符に入鋏し、期限切れの定期券を持って改札を抜けようとする客を驚異的な動体視力で発見し、素早く呼び止めたりしていたものであった。そんな時代であったから、私は「そもそも自動改札機とは何か」という装置の説明から始めたことを覚えている。キセル乗車が詐欺罪に該当するかということ自体は、当時から刑法解釈の重要論点の一つであった。古典的なキセル乗車の手口の場合、入場駅の駅員も出場駅の駅員も正規の切符や定期券で入出場させているから、詐欺罪の要件として必要な「欺罔」行為が存在しないのではないか、ということが議論されていた。しかも、そこに自動改札機が絡むと「欺罔」行為の存在はますます怪しくなるわけである。鉄道の改札はもちろんスーパーやコンビニの支払いもどんどん自動化されている現代から顧みると、まことに隔世の感を禁じ得ない。これは一九八二年のことである。

福田先生のゼミの時間は毎回終始楽しい雰囲気で進んだ。先生は、学生を決して叱らなかった。とんでもなく的外れな発言に対しても、当時流行っていたテレビCMのセリフを使って「大胆な御意見ってやつだな」と、にこやかに冗談をおっしゃっただけであった。「ゼミは楽しく、仲良く」というのが、先生がよく口になさるモットーであった。これは私が後年大学教員になって常に心掛けてきたことでもある。勉強は楽しくなければならない。そのことを私は福田ゼミで学んだ。

現在はキャンパス内の飲酒は禁止されている。しかし当時は研究室にワインの瓶を林立させているような教授がいたし、夏になると生協食堂でも学生にビールを売ったりした。当時の教室にはスチー

1983年福田平先生とともに（著者大学4年生。福田ゼミ卒業アルバム写真より）

ム暖房設備はあったが冷房設備はなかったので、夏はとても暑かった。ある真夏の暑い日の午後、ゼミを始める前に先生が、みんなにビールを買ってこいとおっしゃる。ボクがおカネをだすから、と。急遽私たちは生協食堂にビールを買いに行き、その日のゼミは紙コップになみなみと注がれたビールを飲みながら行うということになった。これまた隔世の感がある出来事である。ドイツ贔屓の先生はビールがお好きだった。

先生は一九五六年一〇月から一九五八年八月までボン大学のハンス・ヴェルツェル（Hans Welzel）教授のもとに留学している。若き日の留学生活について先生が好んで語るエピソードがあった。先生は四学期に及ぶ留学期間を通じてヴェルツェル教授の「刑法演習」に参加していた。「その演習は夜八時から一〇時までボン大学の会議室で行われ、一〇時を過ぎるとこんどは駅前のホテルのレストランに場所を移し、ビールを飲みながらややくつろいだ雰囲気でさらに議論を続け深夜一二時近くなって散会するのが常であった」という思い出話を、先生は複数の御文章の中にお書きになっている。あの夏の日に私たちにビールを買ってこさせた先生は、その時のことを思い出していらしたのかもしれない。

ゼミの勉強で思い出深いのは大学三年生のときに参加したいわゆる「三商大ゼミ」である。正式には三大学討論会というのだが、かつての商科大学である一橋大学、神戸大学、大阪市立大学の同じ専攻の学生が集まって三大学が輪番制で当番校をつとめて討論会を開くのである。神戸大学の相手は三井誠ゼミの学生、大阪市大が中山研一ゼミと浅田和茂ゼミの学生である。討論素材となる事例問題を出題したのは当番校の三井誠教授で、当時神戸大学に専任講師として赴任して間もなかった大越義久先生が司会を務めた。三井先生の出題は尊属殺人と普通殺人の絡む「事実の錯誤」に共犯（教唆犯）が関係する複雑な内容であった。四年生の先輩ゼミ生を中心に通常のゼミ以外の日にも準備のための自主ゼミを開くことにした。それでもやはり指導者は必要だと考えた私は福田先生にアドバイスを求めたところ、大学院生になったばかりの橋本正博さんを紹介してくださった。私たちは橋本さんをチューターに迎えて討論会の準備のための自主ゼミを開き、準備を重ねた。討論会当日、神戸大学に乗り込んだ私たちはそれなりに周到な準備をしたつもりでいた。しかし、神戸大と大阪市大の優秀な学生たちの関西弁連合の雄弁を前に多勢に無勢、さんざんな目にあった。しかも司会の大越先生からも私たちの立論に厳しい御批判をいただいたので、ますます意気消沈した。

一橋大学に戻ってその経緯を福田先生に詳しく報告したところ、先生は愉快そうにお笑いになった。そしてそれ以後私は「神戸でやりこめられて泣いて帰って来たヤツ」という不名誉なあだ名を先生から頂戴したのであった。

教室外での先生との交流も楽しい思い出に彩られている。大学三年生の夏に日光にゼミ合宿に出かけたほか、同じくその冬には三・四年ゼミ生がみな一緒に修善寺に懇親旅行に出かけた。大学四年生になってからは三年生と一緒に鬼怒川に出かけた。先生は私たちと一緒に夜遅くまでトランプの「大貧民」をやったり、宴席では「小諸なる古城のほとり……」と島崎藤村の詩を暗唱してみせたりと、四〇歳近く年齢差がある私たちに、ずいぶんお付き合いくださった。

鬼怒川旅行で吊り橋をみんなで渡った時に、先生のいたずらな一面を見た。ゼミ同期生にI君という高所恐怖症の友人がいた。鋼鉄のケーブルで支えられたかなり立派で頑丈な吊り橋であったが、I君はそれでも渡るのをためらった。彼が勇気を出して足を踏み出し、そろそろと歩み始めた途端、橋が揺れた。振り返ると、先生が、ぴょんぴょん跳ねて橋を揺らしていた。

三年生の日光ゼミ合宿ではしっかり勉強もした。学生からお願いして先生が大塚仁先生と共訳したヴェルツェル著『目的的行為論序説――刑法体系の新様相』（有斐閣）という難しい本の輪読をした。思えばずいぶん背伸びをしたものである。当時の私たちは、学部生ながらいっぱしの刑法学者気取りをしたかったのだと思う。

ある時、ゼミ同期のメンバーでお揃いのスウェットシャツを作ろうということになった。デザインをした宮川純一郎君（現在全日空商事社長）がそのシャツの背中に先生の学説の基礎になっている「目的的行為論」を意味する《die finale Handlungslehre》というドイツ語を入れた。私たちはそのシャツを先生に相談することなしに作っていたが、ある時、試験監督をしていた先生がお気づきになった。ゼミ仲間の一人がそのシャツを着て試験を受けていたのである。目的的行為論シャツを着たゼミ生がいることを見つけた先生は、次にゼミで集まった時に「いや驚いたな。たいしたもんだ。うん、たいしたもんだ」と、なかば照れ臭そうに、そしてなかば嬉しそうにおっしゃった。

五　入院そして大学院受験

福田先生と過ごした学部二年間は楽しいことばかりではなかった。その二年間のうちに持病の成人喘息がどんどん悪化し、私はいわゆる重積発作状態に陥ってしまったからである。激しい発作で一睡もできず、仰臥することも横向きに寝ることもできず、起き上がって起坐呼吸をしたまま何度も夜を明かした。ついには国立駅から大学までのたった五分間の平坦な道すら途中で立ち止まって休まないと苦しくて歩けないほどになってしまった。もはや入院して治療するしか方法はなかった。

実家のホームドクター羽田曄先生の紹介で杏林大学病院に入院したのは大学四年生の六月であった。杏林大学病院呼吸器内科の教授が羽田先生の甥にあたる方だったのである。

その頃の大学生の就職活動は六月頃からぼつぼつと先輩訪問をし始め、九月中には内々定をもらうというスケジュールであった。現在の大学生の就職活動に比べるとずいぶんな短期決戦である。卒業後は民間企業で働くつもりであったが、就職戦線のスタートラインにつこうとした途端、早々と離脱撤退を余儀なくされてしまった。

入院期間は一か月足らずであったが、その間、病床で進路について真剣に考えさせられた。二四時間ステロイド剤の点滴を受けながらその年の就職活動をまず諦めた。とりあえず留年しようと考えたわけである。当時は一橋生の過半数は浪人生活を経て入学していたから、一年卒業を延期しても現役合格していたので年齢上の問題はないはずであった。

そうしているうちに大学院入試が一〇月にあることに気づいた。まだ三か月以上ある。退院したあと必死で勉強すればなんとかなるのではないか、と考えた。当時の大学院修士課程の入試の筆記試験は外国語一科目、専攻予定科目一科目、任意選択科目一科目の合計三科目だけであった。外国語は英語でも受けられる。英語なら得意である。専攻科目の刑法も選択科目も何とかなるだろう。問題は推薦状だ。当時は大学院生の定員が少なく、実際に進学する人もごく稀であったので、指導教授に大学院に残りなさいと言われて初めて大学院受験が許されるようなイメージを私は抱いていた。実際、出願書類として推薦状は必須だったので、福田先生が私を推薦してくださらないことには、お話にならない。

しばらく逡巡したが意を決した後に病院の売店に行って便箋と封筒を買い、ベッドの上で福田先生に長い手紙を書いた。病状を報告するとともに、今年はもう就職活動はできそうもないこと、せめて健康が回復するまで大学院で学びたいという希望を持ち始めていること、ついては先生の推薦をいただけるかどうか教えていただきたいこと、それゆえ退院したらとにかく一度先生にお目にかかりたいことなどを綴った。

幸い入院によるステロイド剤集中投与治療が奏功し、ほどなく重積発作状態から抜け出すことができた。退院したのは七月半ば。東京はすでに暑い夏を迎えていた。退院して間もなく私は福田先生の研究室に向かった。

健康が回復するまで、せめて修士課程の間だけでも大学院に置いていただけないでしょうか、と私は先生に申し上げた。すると、それを遮るように、先生はこうおっしゃった。

「青木君ねえ、大学院に来るなら、ちゃんと博士まで来なさい」

今考えると、先生のこの言葉が、人生の大きな転機になった。この時の先生の年齢をすでに超えている私は、「中途半端な気持で大学院に進学するんじゃない」と先生は釘を刺したかったのだということが、よくわかる。私は叱られたのである。

しかし、若さというのは時に愚かな誤解をするもので、私はこの先生の言葉を「君なら大学院でやっていける」という意味だととらえた。まったくもってオメデタイ話である。先生が推薦状は書いてやると約束してくださったこともあり、私は叱られたどころか褒められたものと勘違いしたまま、楽しい気持で研究室を辞去した。

大学院の入試の日が来た。福田先生が出題した刑法各論の問題は、詐欺罪の成立要件についてたずねる古典的で素直なものであった。詐欺罪は財産罪の中でもとくに重要な犯罪類型であるし、先生自身にも詐欺罪に関する研究論文があるので、そのような出題がなされるのはまったく不自然ではない。しかしここでも私はオメデタイ推測をしたことを白状しておこう。先生は私が三年生の時にゼミで詐欺罪（自動改札機を使ったキセル乗車の裁判例）について報告したことをちゃんと覚えていらして、私が回答しやすい問題を出してくれたのだろうと推測したのである。間違いなくハズレである。先生は「瓜田に履を納れず李下に冠を正さず」を実践している方であった。さらに言えば、先生の当時の年齢を過ぎた私は、一年以上前のゼミの時間に、三、四年生を合わせると二五人もいるゼミ生のうち、どのゼミ生がどのテーマで報告したかは、先生の年齢では覚えていられたはずがない、とも思う。

ところで、後年、試験問題出題者としての信念を伺う機会があった。先生は、ひねった問題や特別の知識を要する問題を出題するのは不適切だと考えていらした。むしろ誰でも何かを書ける問題が良いとおっしゃる。そういう問題でこそ答案を読めば書き手の頭の良さの程度がよくわかるから、とのことだった。

六　大学院福田ゼミ

翌一九八四年四月、法学部を卒業した私は大学院修士課程に進学した。しかし、福田先生の大学院ゼミはすぐには始まらなかった。大学院に入ったとたん私は先生に呼ばれ、君はドイツ語を読めますかという質問を受けた。第二外国語で学んだフランス語はある程度読めますがドイツ語はまったく勉強したことがありません、と正直に申し上げたところ、先生はこうおっしゃった。

「ボクはドイツ語の論文しか大学院ゼミでは読みませんからね、ゼミは一〇月からにしましょう。それまでにドイツ語を読めるようになっといで」

「読めるようになっといで」か。これは大変だ。私はさっそく講義要綱を調べて、国立キャンパスで加藤二郎教授がドイツ語初級文法を教える学部生クラスを担当していることを見つけた。加藤先生とはそれまで面識がなかったが、初回の授業の際に教室に赴き先生に事情を話し、一〇月までにドイツ語文法を一通り終えておかなければならないので、大学院生ですが先生のクラスに出席参加させていただけないでしょうか、と頼み込んだ。加藤先生は快く私を教室に迎えてくださり、ドイツ語を初歩から教えてくださった。加藤先生の授業は半年で終わったので、夏休みにはドイツ語の参考書を買い込んでひたすら独習した。高校生時代に比べると記憶力は明らかに衰えていたが、それでも「なんとかなる」という自信があった。

すぐに一〇月になった。大学院福田ゼミに出ていたのは博士課程一年生であった橋本正博さんと修士課程一年生の私の二人だけだった。「ドイツ語しか読まない」とおっしゃった先生がテキストに選んだのは、先生の留学時代の恩師ハンス・ヴェルツェルが一九三一年の『ドイツ全刑法学雑誌』(*Zeitschrift für die gesamte Strafrechtswissenschaft*)に発表した「因果性と行為」(Kausalität und Handlung)と題する論文であった。刑法学における目的的行為論の旗手が二十代の若さで書いたこの論文は、そのタイトルからわかるとおり哲学的・抽象的なもので、ドイツ刑法学はおろかドイツ語ですら付け焼刃の初心者であった私には手に余る難物であった。毎週、片っ端から辞書を引きまくって予習し、福田先生の面前でたどたどしく音読しては、滞りがちに生硬な訳をつける。それが精一杯だった。

一方、先輩の橋本さんは、ほとんどの受験生が英語で受ける大学院修士課程入試でもドイツ語を選択したくらいだったから、流麗な発音でよどみなく読み上げた後、落ち着いた口調で複雑な構文を正確に読み解いては、いつも涼しい顔をなさっている。この圧倒的な実力差のおかげで、ことドイツ語に関しては、福田先生よりむしろ橋本さんに多くを教えていただくことができた。私の修行時代の僥倖のひとつである。

予習の際には、わからないところを橋本さんに質問しながら、私は先生の前で読み上げるべき訳文をあらかじめノートに書いておくのが常だった。橋本さんもまた御自分の担当部分の訳文をあらかじめ書いていた。先生の前でドイツ語原文をひとまとまり音読しては、それに引き続いてノートの訳文を音読するのだが、福田先生はとても「せっかち」であった。抜群にドイツ語がおできになった先生は、私の拙い訳に我慢できないのはまあ当然としても、橋本さんの落ち着いた口調の訳文朗読ですら時に最後まで我慢して聞くことができず、途中から御自分で引き取って、「うん、それで……で、……で、だから……だってことだな」と論文に書かれた内容を御自分で先取りして言ってしまうのである。

当時の時間割は一コマ一〇〇分程度であったと思うが、先生がそのような調子でどんどん先を言ってしまうので、ある時などは、たった三〇分あまりで、橋本さんと私のその週の予習が尽きてしまったことすらあった。院生研究室に戻った橋本さんと私は、先生の口真似などしつつ、その日の滑稽な展開を思い出して大いに笑った。

当時の一橋大学には大学院生の数が少なかったので、大学院生にも研究室を割り当ててもらえた。私は橋本さんが一橋大学の専任講師に採用されるまで、ずっと橋本さんと同室だった。橋本さんのほか、同じ研究室で過ごした人たちは（時期がずれている人もいるが）王雲海（現一橋大学教授）、工藤祐巌（現明治大学教授）、捧剛（現國學院大学教授）、三島聡（現大阪公立大学教授）、上田信太郎（現北海道大学教授）といった諸氏である。文字通り「机を並べて」勉強した王雲海さんとは、その後四〇年近くにわたり親しい友人として過ごすことになる。また隣室には、のちに台湾大学の教授になる李茂生さんをはじめ、水谷規男（現大阪大学教授）、葛野尋之（現青山学院大学教授）、内山安夫（現東海大学教授）といった諸氏がいた。当時は喫煙にも寛容な時代だったので私のいる部屋には非喫煙者を、隣の部屋には喫煙者をそれぞれ集めていたのである。

七　フランス刑法研究を始める

福田ゼミでドイツ語を読みながら、私は修士論文の研究テーマを模索していた。当時の刑法学界で盛んに議論されていたテーマのひとつが「危険」概念であったので、私はフランス刑法における不能犯論について研究するのはどうでしょうか、と先生に相談した。

先生はこうおっしゃった。「ボク自身はフランスのことはわからないけれど、フランス刑法がわかる人はあまりいないし、比較法がこれからはますます重要になるから、フランス刑法研究序説のような位置づけで不能犯論を研究してみたらどうですか」と。たしかに現在と違って当時はフランス刑法に関する研究書や論文はとても少なかった。フランス法に造詣が深かった牧野英一博士は私の世代にとってはすでに歴史上の人物になっていたし、御存命だった世代の先生方で本格的にフランス刑法研究をしている方の数も少なかった。

福田先生は、弟子を「囲い込む」ようなことを決してなさらなかった。むしろ私が外に出て行ってフランス刑法研究の先達に教えを受けることを大いに奨励してくださった。そこで、私は大学院同期の水谷規男さんと一緒に國學院大學で定期的に開かれていた「フランス刑法研究会」に入れてもらうことにした。同研究会の代表は國學院大学法学部の澤登俊雄教授で、フランス留学から最新の知見をもって帰っていらした同学部助教授の新倉修さんが私たちの兄貴分で研究会の幹事役をつとめていた。青木、水谷以外の研究会の常連メンバーの所属大学もばらばらだった。只木誠、赤池一将、酒井安行、高橋則夫、上野芳久、高内寿夫、岡上雅美、岩谷十郎、島岡まな、南部篤、佐々木和夫といった諸氏がよく出席しており、その多くは当時まだ大学院生であった。

この研究会には時々遠方からの参加者もあった。そのお一人が白取祐司先生であった。北海道大学教授として長年活躍なさった白取先生は、前任校の札幌学院大学に勤務していらした時から、北海道から上京した機会に研究会においでになることがあった。

白取先生には大きな恩義がある。ある日、私は同研究会で明治時代の法学者富井政章についての研究報告をした。富井はリヨン大学で法学博士になったフランス通で、一般には民法典の起草者の一人として知られているが、じつは刑法についての著作も残している。富井の刑法理論については小林好信教授の先行研究が存在していたが、私はその論文の内容に疑問を抱き、小林教授が見逃している重要な側面があることをその報告で指摘した。それをたまたま白取先生が聴いてくださっていた。先生はその日のうちに北海道に帰る予定であったが、遅い時刻のフライトであったため、羽田に行く前に研究会に立ち寄ってくださったのである。

私の報告を聴いた白取先生は「久しぶりに知的興奮を覚える報告を聴いた」と褒めてくださった。それのみならず、この報告は活字にした方がいい、「法律時報」に紹介してやったらどうか、と新倉さんに促してくださった。お二人の尽力により、私の報告原稿は実際に同誌上に載せてもらうことができた。「ガローの不能犯論と富井政章の不能犯論――小林好信教授への疑問を契機として（上）（下）」と題する論文がそれである（法律時報六〇巻一二号、六一巻二号）。

二七歳の無名大学院生であった私は、こうして商業誌に幸運なデビューをすることができた。原稿料をもらったのも初めての経験だった。四〇〇字詰め原稿用紙に換算して六〇枚ほどの論文を法律時報編集部は五万円で買い取ってくれた。

法律時報に載った私の論文を福田先生はすぐ読んでくださった。「うん、なかなか説得力があったぞ」と言ってくださった。考えてみると、福田先生との長いお付き合いの中で面と向かって「研究」を褒められた経験は、片手で数えられるほどしかない。それゆえ、この小さなお褒めの言葉が嬉しかった。

もっとも、研究以外の面では別である。それ以外の点ではなんども褒めてくださった。とくに学部生時代のゼミ幹事としての働きぶりを高く評価してくださり、「キミは会社に入ったらきっと重宝されるだろうねえ」と何度か言ってくださった。大学四年生の時、入院中に大学院を受けたいと先生に申し上げると決意するまで少し逡巡したのだが、その理由のひとつは、この褒め言葉をいただいていたからであった。私は会社に入ったほうが良い、と先生はお考えなのだ、と感じていたのである。

八　関東学院大学専任講師に着任する

私が大学院博士課程二年になるとき、福田先生は定年を迎え、東海大学教授になって一橋を去られた。そんなわけで私は大学院博士課程の最後の二年間、村井敏邦教授の指導を受けた。さいわい一橋大学の当時の刑事法の院生は、形式的に指導教員は違っていてもみな同じ刑事法の院生という一体感があった。私自身も、福田先生のみならず村井先生にも修士一年の時から親しく指導を受けていたので、この指導教員変更については心理的に何の抵抗感も覚えることがなかった。村井先生も私を快く受け入れてくださった。

当時の大学院法学研究科では「単位修得論文」という大きな論文を出して、博士論文を出す前に退学して就職するのが普通だった。実際当時の日本の法学部教授は在学中に博士論文を出して大学院を「修了」した人は少数派であったと思う。博士号をもたない大法学者もいれば、定年間際に畢生の大著作をもって博士学位を請求するような先生もいた。現代では博士（法学）の学位が、多くの若い法学研究者にとってスタートラインに立つための免許証のようなものになっているが、当時はそういう時代だったのである。そんなわけで、私も、フランス不能犯論研究に関する博士課程単位修得論文を出して大学院を「退学」し、日本学術振興会特別研究員に採用された。現在のいわゆる「学振ＰＤ」に類する研究ポストである。任期は二年間で、博士の学位をもつことが応募の必須条件とはされていなかった。同研究員を一年過ごしたところで、私は「法学部特別研究員」という呼称のポストに採用された。職位としては一橋大学の助手である。もっとも助手といっても大学業務は入試の監督員くらいしかなく、授業を担当することも会議に出ることも要求されず、とにかく研究しなさい、というありがたいポストであった。ただ、このポストに就いた者がゆくゆくは教授会メンバーになることは原則として想定されておらず、二年間の任期のうちにどこか他の大学に就職していくのが常だった。

たしかこの頃だったと思うが、私は福田先生から一度、苦言をいただいたことがある。私の問題関心は当時、刑法解釈論よりむしろ明治期日本の近代西洋法思想の継受の問題に向かっていた。そのため、ボワソナードの刑法理論を細かく調べた小論を書いたり、ボワソナードの弟子であるがあまり知られていない薩埵正邦の事績などを調べようと考えたりしていた。私の関心がマニアックな歴史的細部に向かっていることに、先生は一種の「親心」から危惧を抱いていらしたようであった。そしてある日私は先生から「君のやってるのはホビーだな。ホビー刑法学だ。ホビーは楽しいけれども、もっと刑法学者の多くに関心をもってもらえるような論文を書いたほうがいいな」とやんわり注意されたのである。

先生は、なんとかして私を刑法の担当者として、どこかの大学に就職させようと気にかけてくださっており、実際いくつかの大学の公募に応募する私のために身に余る内容の推薦状を書いてくださっていたが、ふがいないことに結果は連戦連敗で上手くいかなかった。

ところが、任期付きの法学部助手に採用されて間もなく、思いがけない幸運が舞い込んだ。新設される予定の関東学院大学法学部に刑法担当の専任講師として着任しないか、というお誘いであった。そのお誘いは、意外なことに福田先生からではなく、商法の堀口亘教授からであった。堀口先生と私の間にはまったく師弟関係はない。しかし、先生は個人的にはたいへん近しい先生であった。なぜかというと私は学部入学早々から数年間にわたり、堀口先生のお宅で家庭教師をさせていただいた経験があり、その間、先生と毎週親しく接していたからである。当時、先生が大学一年生だった私を家庭教師に選んでくださった理由のひとつは、私がその年の首席入学者だったからである。つまり入学試験で高得点を取っていたことが、堀口先生を媒介としてその一〇年後に、常勤教員のポストを手に入れることに貢献してくれたのであった。

堀口先生に呼び出された時、同先生はまだ一橋大学の現役教授でいらしたが、定年後は関東学院大学法学部教授になると決めていらっしゃること、同学部の設置認可申請の過程で急遽刑法担当者を探す必要が生じたことを御説明になり、「どう、青木君、来ないか?」と誘ってくださった。当時、私は、大学同期生で国家公務員になっていた妻と結婚していたのみならず、すでに長女まで生まれていたので、そのお誘いを心から感謝しつつ受諾した。

なお、私が関東学院大学に採用されるにあたっては、福田先生が陰でいろいろ後押ししてくださったのかもしれない。私はそう推測しているが、その点について先生は明言なさることはなかった。

このような経緯で、一九九一年四月から九五年三月まで四年間、私は関東学院大学法学部に専任講師として奉職した。二九歳の私は教授会の最年少メンバーであった。一方、最年長は東京大学法学部で長く法哲学を講じた碧海純一教授であった。碧海先生は東大定年後、放送大学教授を経て、関東学院大学法学部に着任されたのである。

着任早々、私は碧海先生との関係で、福田先生の門下生であることの恩恵を受けることになった。碧海先生は偶然にも福田先生と東大の大学院特別研究生時代からの親友であり、若い頃、神戸大学法学部に御一緒に勤務なさっていたことがあった。福田先生が先に着任し、そのあと碧海先生が神戸にいらしたという。「碧海君を神戸に呼んだのはボクなんですよ」と福田先生から伺ったことがある。

そんなご縁があったので、碧海先生は私が福田門下であると知るとたいそうお喜びになり、私をかわいがってくださった。私も学部・大学院を通じて碧海先生の御著書である『法と社会』(中公新書)や『合理主義の復権』(木鐸社)を愛読していたので、尊敬する大学者が親しく接してくださることに感激した。

当時小田原にあった関東学院大学法学部は新設学部だったので、開学当初は一年生しかいなかった。私の担当授業は週に一コマしかなかったうえ、私のような青二才には学内行政上の役職もまったく回ってこなかった。私が唯一務めた役職は懇親会幹事だけで、年に二度、宴会場を探して宴席の司会をするだけであった。一方、最年長であった碧海先生も同様におヒマであった。私は「役立たず」で仕事を振られず、碧海先生は「畏れ多く」て仕事を振られなかったのだが、理由はどうあれ結果は同じである。

関東学院大学法学部には私同様に若い専任講師が何人かおり、そのうちの一人で私と同い年の花本広志さん（現東京経済大学教授）がその状況に目をつけた。やはりヒマにしていた花本さんの発案で、私たちは碧海先生の研究室に赴き「一緒に勉強会をしてくださいませんか」と申し入れた。碧海先生はにこにこ笑って快諾してくださり、まずは先生が「サー・カール」と呼んで親しく交流していたカール・ポパーの『客観的知識』を英語原文で読み、さらにアンリ・ベルグソンの『創造的進化』をフランス語原文で読んだ。どちらも一部分を読んだだけだが、小田原の山の上のキャンパスで三人だけの贅沢な研究会を続けた。

碧海先生はたいそう雑談がお好きで、テキストを読むのが一区切りすると、しばしば神戸大学時代の思い出話をなさった。年長教授たちが懐の深い人たちばかりで、碧海先生や福田先生は若くても自由に発言できる雰囲気が教授会にあった、という話をよく拝聴した。「神戸の教授会ではあなたの先生の福田さんが言いたいことを言ってねえ」とおっしゃっては、「うっふっふ」と何度も思い出し笑いをなさるのである。

このことを私は福田先生にお話ししたことがある。福田先生は「たしかに言いたいことを言った」とお認めになった。しかし、それに付け加えて、「碧海君が横から『ああ言え、こう言え』って、そそのかすもんでね」とおっしゃった。

碧海先生は一種の「電話魔」でもあった。東大時代の門弟たちもみな「碧海先生の長電話」の洗礼を受けたと聞いている。私も関東学院在職中そして一橋大学助教授になってからも、頻繁にお電話をいただいた。用事はまったくない。先生が一時間ほど雑談をなさるだけである。

一橋大学の助教授になってかなり経過したある日、福田先生から電話がかかってきた。「碧海君が最近よくボクに長電話をかけてきて、神戸大学時代を懐かしんでいるし、碧海君はキミのこともずいぶんかわいがってくれているようだから、いちど三人で食事しよう」とおっしゃる。そんなわけで、私が連絡係になって日程調整をして、福田先生、碧海先生、そして私の三人で、如水会館でフランス料理を食べた。碧海先生は少し足元があぶなっかしくなっていたが、如水会館までおひとりでいらっしゃり、おひとりで帰って行かれた。食事中二人の先生方は、若い時代を過ごした神戸大学の思い出話をなさっていた。私はただ、それを横で黙って聞いていた。

それからしばらく経ってふと気づくと、碧海先生からの電話はまったくかかって来なくなっていた。そしてさらにその何年後かの二〇一三年、先生の訃報が届いた。同年一一月に碧海先生の「追悼シンポジウム」が東大の山上会館で開かれた。シンポジウムを企画した井上達夫先生はじめ東大門下生のみなさんの計らいで、錚々たる顔ぶれの御友人や門下生たちに続き、私も碧海先生の思い出を語るスピーカーの一人として登壇させていただく栄誉に浴した。「関東学院大学時代の碧海純一先生」と題する私のスピーチの記録は、翌年に刊行された有斐閣のPR誌『書斎の窓』二〇一四年五月号に掲載されており、ウェブ上でも公開されている。私は、その原稿を書くにあたり、福田先生のお宅をお訪ねし、福田先生のアルバムから若き日の碧海先生の写真を何枚か借り出して有斐閣に提供した。先生は快く何枚もの写真を選んで貸してくださった。そのおかげで今でも『書斎の窓』を通じて、若き日の福田先生と碧海先生のお姿を見ることができる。

関東学院大学に専任講師として在職していた最後の年度（一九九四年）に、福田先生に研究面でやっと小さな恩返しができたと感じられる出来事があった。同年五月、私は明治学院大学で開催された日本刑法学会の学術大会において個別研究報告者に選ばれ「不能犯論の日仏比較」と題する研究報告を行った。一橋大学大学院を退学するにあたり書き上げた単位修得論文の内容を基礎にしつつ、その後の学界状況を踏まえて私自身の考えを整理し、その知見をコンパクトにまとめた四〇分間の口頭報告であった。

当初、報告会場に福田先生のお姿は見当たらなかった。しかし、私が登壇する直前に先生が会場に入っていらして、いちばん目立たない端の席にひっそりとお座りになったことに気づいた。学会報告では終了後に質問や議論をしに来る人がよくある。報告を終え降壇した私も案の定すぐに質問者につかまってしまった。その応対が一通り終わって、福田先生を探そうと見渡したところ、先生の姿はもうどこにもなかった。先生はその日の懇親会にもおいでにならなかったので、とうとうその日は御挨拶すらできなかった。私の報告にどのような感想を抱かれたか伺うこともちろんできなかった。

その二日後のことであった。私の自宅に福田先生から封書が届いた。先生は比較的筆まめでいらしたが、普段はほとんど葉書で連絡をくださるので、封書でのお便りは珍しい。封を切って読み終えた私は嬉しさに満たされた。学会報告の翌日一九九四年五月二二日付の先生のお手紙は、こういう文面だった。

「青木君、昨日の刑法学会での貴君の研究報告は秀逸なものでありました。学会での初めての研究報告とて、小生も気がかりでありましたが、立派な報告で安堵するとともにうれしく思いました。これまでの研鑽の成果である学的業績をそのまま無秩序にさらけ出し混乱し理解しがたい研究報告におち入るということなく、これまでの研究の成果を要領よく整理され、その内容を報告の目的に即して適確にまとめられ、しかも、ひかえめに展開されたので、研究報告の目的がよく理解され、貴君の主張が十分に伝えられたものと思料しました。今後も〝初心忘るべからず〟の気持を堅持されて、ますますの御研鑽を期待しています。」(原文ママ)

先に私は福田先生に「研究」を褒めていただいたことは、ほとんどないと書いた。その先生が私の研究報告を「秀逸で立派な報告」だと認めてくださったのである。めったに褒めてくださらない先生であったがゆえに、褒められた時の喜びはひとしおである。私はこの手紙を三〇年間、宝物として大事にしており、今でも自分を励ますためにときどき読み返したりする。この手紙により、研究者として独り立ちしてよいというお墨付きを、福田先生からようやくいただいたような気がした。

なお、私のその学会報告の内容は翌一九九五年七月に刊行された日本刑法学会の『刑法雑誌』三四巻三号に掲載されている。私は同年四月に一橋大学に移っていたので、肩書は口頭報告を行った当時の関東学院大学専任講師ではなく一橋大学助教授となっている。

九　一橋大学助教授に着任してから

おもえば一橋大学助教授に着任する話も福田先生からの一本の電話から始まった。電話口に出た私に、福田先生はこうおっしゃった。

「今日、勝田君がうちに相談に来てね、比較法文化論の担当者で君を一橋に呼べないかって。青木君なら出来ると思うって言っておいた」

「勝田君」というのは、当時一橋大学で西洋法制史と比較法文化論を教えていらした勝田有恒先生のことで、福田先生は勝田先生と親しくなさっていた。福田先生御自身の後任には橋本正博さんがとっくに着任しているから、大学院在学中から、私は母校に教員として戻る日が来るなど、夢にも思っていなかった。それゆえ福田先生の話は非常勤講師を引き受けてくれないかという話なのだと思った。「わかりました。お引き受けさせていただきたいと思いますが、本務校の時間割との関係もありますから、曜日と時間については希望を聞いていただけるのでしょうか?」と答えたところ、福田先生は私の誤解にお気づきになり、「違うんだ、違うんだ。そうじゃなくてね、君を勝田君の後任として一橋に戻そうっていう話なんだ」と明るい声でおっしゃった。それでようやく私は幸運な状況を理解した。

勝田先生の入門授業「法学通論1」には、大学一年生の時に出席していた。そして、偶然にも勝田先生は、私が一橋大学を受験した時に私の試験室の監督員でもあった。さらに言えば私の父と勝田先生は、面識こそなかったが一橋の同期生であった。そのことに私は父の卒業アルバムを見て気づいていた。そのような希薄な縁はあったものの、大学院時代は一切先生の授業に出たことはないから、学問上の師弟関係はまったくない。先生が一橋大学法学部で「比較法文化論」という講義を一九九〇年から創始していらしたことも、私は知らなかった。

西洋法制史の教授であった勝田先生は、もともとドイツにおけるローマ法の継受などを研究していらした。それゆえであろうか、比較法文化論の講義でも近代日本における西洋法の継受の問題を重要なテーマにしていらしたことが後でわかった。私自身が日本における西洋法思想の継受について関心をもち、それについて調べ、関係する論文も書いていたことは先に述べた。福田先生が「ホビー刑法学」であると御心配くださっていた類の論文である。勝田先生はそれに注目してくださっていた。

「瓢箪から駒」である。「勿怪の幸い」である。あるいは「好きこそものの上手なれ」であろうか。「ホビー論文」があったからこそ、比較法文化論の担当者として母校に招かれることになったのである。何がどう転ぶかはわからない。

一橋大学助教授に着任してからは職場も自宅も先生の国立市の御自宅に近くなった。そんなこともあり関東学院大学に勤務していた四年間よりも先生とお目にかかる機会が増えた。

一橋大学に戻って間もない頃こんなことがあった。ある出版社から意外な申し出を受けたのである。法律書の出版は一切手掛けていない出版社だが、誰もが知っている新書シリーズを出している会社だった。一般向けの啓蒙書シリーズには著名な学者が執筆しているものもあったが、そのタイトルはやや煽情的なものだったりした。少なくとも学問的とは言い難いそのシリーズの一冊を書かないか、というお申し出を受けたのである。担当編集者がどのような経緯で私に依頼をしようと考えたのかはわからなかった。とりあえず話だけは伺った。なんとも返事に迷う提案であったので、こういうときはやはり福田先生に相談するにしくはなし、と考えた。さっそく電話をかけてアポイントメントをいただき、御自宅にうかがった。

私の話を聞いた先生は「断ったほうがいいな」と即答なさった。立派な学問的業績を挙げもしないうちに君のような若造が啓蒙書など書いてはいけない、という理由であった。私は福田先生のその御意見に大いに納得したので、執筆を打診してきた編集者にすぐにお断りの返事を伝えた。

先生御逝去後の二〇二〇年に、私は有斐閣から『法律の学び方：シッシー&ワッシーと開く法学の扉』というスーパー入門書を出版した。その「あとがき」をこう始めた。

「駆け出しの助教授時代、今は亡き恩師から、『学問的業績のない若造のうちは啓蒙書など書いてはいけない。』という御助言をいただいたことがある。先生の声ははっきり耳に残っているのに、その日からもう二五年近い歳月が流れた。その間、わずかな学問的貢献しかできなかったことを恥じる一方、若造を自称できない年齢に達して久しいことは認めざるをえない。」

若い日に聞いた恩師の言葉は、いつまでも忘れがたいものとして、心に残る。福田先生はもう許してくれるだろうか、と思いながら、この「あとがき」を書いた。

一橋大学に戻ってからの先生との交流として忘れがたいのは、有斐閣から出ていた先生の『全訂刑法総論』『全訂刑法各論』の改訂時に、その下校正や索引づくりを、橋本正博さんと一緒にお手伝いしたことである。大学教授の中には指導している大学院生に仕事の手伝いをさせる人がいる。実際、それ自体が大学院生の指導になる場合もある。しかし、私は大学院生時代に先生から仕事の手伝いを命じられたことは、一切なかった。先生はそういう主義だったのだと思う。一橋大学助教授になって、初めて先生の信頼を得られたともいえる。

ところで法律学の教科書には流行がある。たとえば司法試験考査委員の先生が書いた本がよく売れるのは、よくありがちなことである。その点、私たちが校正や索引づくりのお手伝いをした先生の教科書は、超ロングセラーだと言ってよい。『総論』の初版は一九六五年（昭和四〇年）に出ている。最後の改訂版（全訂第五版）は二〇一一年に出ており、この年、先生はめでたく米寿を迎えられた。九

○歳近い御年齢の著者が最新の立法や判例や学説の展開に気を配り、それに基づいて自著の改訂を行い、なおかつその著書は市場で需要があるということは、驚異的なことである。先生の知力が御高齢になっても衰えなかったことに加えて、考え抜かれたその理論に無駄がなく、結論のバランスが良いからでもあろう。

ちなみに、先生の『総論』の最後の版には、たった一か所だけだが、私の論文が引用されている。不能犯論に関する法律的不能・事実的不能説のフランス刑法学における位置づけに関する注の中である。この注のそれ以前の記述では、牧野英一博士の見解を踏襲していらしたそうだが、私が関東学院大学専任講師時代に書いた論文をお読みになって、その記述を微修正してくださった。先生の理論にはなんら影響を及ぼすことのない、ごく小さな比較法的事実を述べた箇所ではあるが、先生はわざわざ、「これまで牧野先生の受け売りをしていたけれどキミの論文を読んで書き改めた」とお知らせくださった。自分が学部生時代に繰り返し読んだ恩師の体系書に私自身の論文が引用されたのは格別に嬉しいことであった。

先生の御著書の中に、かつて自分が刑法学研究者であったことの小さな痕跡を残せたわけだが、一橋大学では比較法文化論の専任担当者となっていた私は、ほどなく刑法学からはすっかり遠のくことになってしまった。それにかわって、私が力を注いだテーマは動物法の比較研究であった。福田先生は折にふれ私の動物法研究の話も真剣に聴いてくださった。そして先生はもうそれを「ホビー」だとはおっしゃらなかった。自分を信じて好きなようにやりなさい、ということだったのだと思う。法学者としての先生は、動物の法的地位の問題に取り立てて興味をお持ちではないようだったが、私の研究報告を聴いてくださったあとに、子どもの頃に猫を飼っていて冬の寒い日には布団の中で猫を湯たんぽ代わりにして暖をとったという思い出を、なつかしげにお話しになったりした。

ドイツ刑法学の泰斗のもとで学部生時代に刑法解釈論を学び、大学院ではフランス刑法を研究し、ホビー的な研究がむしろ幸いして母校の比較法文化論の担当者に迎えられ、その後は動物法を研究テーマにするという道草ばかりした私の歩みを、福田先生はずっと温かく見守ってくださった。

一〇 「福田先生を囲む会」のこと

先生の教科書の最後の改訂版となった『全訂刑法総論（第五版）』の「はしがき」には、「今度、改訂の機会をあたえられたのを契機として、改訂作業を遂行することができたのは、家人の周到な配慮のおかげで、老齢にもかかわらず、心身ともに健常な状態を保持していることによるものであることはさておき」という記述に続いて、次のような言葉が書かれている。

「今回も、私に改訂の意欲を駆り立てたのは、かつて私のもとで、ともに学問研究にはげんだ学友諸君の心遣いであった。彼等が、私をはげますため、一九九六年七月にはじめてくれた〝囲む会〟なる、拙宅での少人数の学問的集いは、その後途切れることなく、ほぼ隔月一回のペースで開催され、本年七月には、第八十三回の会を持つことができた。こうして、持続的に開催される、親近感あふれる学問的な集いにおいて、学友諸君の新鮮味ゆたかな報告を聞き、隔意のない意見交換に、自分自身も参加することによって、年を重ね衰いがちな〔原文ママ〕知的好奇心を鼓舞され、学問的労作への意欲を維持することができ、このことが改訂作業を可能にしてくれたことに思を致し、この点につき、〝囲む会〟に参加される学友諸君に感謝の念を新たにしている。」

この「はしがき」を読み直して、先生の筆致をなつかしく思い出す。そうなのだ、先生のお書きになる文章は、時にこのように一文がとても長いのだ。

さて、ここにいう「囲む会」は正式には「福田先生を囲む会」という。一橋大学を定年後、東海大学でさらに一〇年間教鞭をとった先生が、教壇からほぼ引退し、国立市の御自宅で比較的ゆっくりお過ごしになれるようになったのを機に、研究者になった門下生が先生にお願いして始めた、一種のOB・OGゼミである。発案者は初期の門下生で成城大学、筑波大学、専修大学の教授を歴任した宮城啓子さんであり、幹事役を私が務めていた。先生がこの「はしがき」の中で元ゼミ生の私たちを「学友」と呼んでくださったことに、一同感激した。なお、この会は、先生御夫妻の御高齢によるお身体の不調から、御自宅に集まっての会合が難しくなるまで、合計九〇回以上続いたのであった。

毎回ケーキを食べたり終了後はビールを飲んだりと、くつろいで行われるその会の常連メンバーは、宮城啓子さん、橋本正博さん、都築廣巳さん、薭原伸介さん、そして私の五人であった。研究報告の

「福田先生を囲む会」(2013年)。前列向かって左より宮城啓子，福田先生御夫妻，都築廣巳。後列左より橋本正博，著者，蕪原伸介。

後には、学生時代には聞くことが出来なかった先生の思い出もたくさんうかがった。

たとえば、一九九七年には小説家の吉行淳之介さんの御一家の思い出をしばしばうかがった。その年、NHKの朝の連続テレビ小説では「あぐり」というドラマが放送されていた。淳之介さんの母親である吉行あぐりさんが主人公である。じつは福田先生のお育ちになった家は吉行家とご近所で、淳之介さんと先生は幼馴染の同い年、戦時中は吉行一家が先生のお宅に一時同居していたことすらあるのだそうだ。淳之介さんの妹の女優吉行和子さんのことも「カズコちゃん」と先生は呼んでいらした。実際、それを知ったNHKのディレクターが「あぐり」の制作過程で福田先生に直接会いにいらして、さまざまな思い出話を取材なさったという。先生が淳之介さんのことを「ジュンノーちゃん」と呼んでいたと伝えたのが、そのままドラマでも採用され、淳之介少年はドラマの中でそう呼ばれていた。また、楽しいことに、明らかに福田先生がモデルになっている友人もドラマに登場した。ドラマ中の登場人物の役名は「福沢南」。あきらかに福田平のもじりである。福沢南は、ジュンノーちゃんの小学校からの親友で正義感あふれる青年。法律を学んで弁護士になる役柄であった。演じたのは伊丹十三・宮本信子夫妻の息子である池内万作さんであった。

大学紛争時代の話も時々伺った。先生が一橋大学教授に着任されたのは一九七〇年で、その前任校の東京教育大学に在職していらしたのは一九六五年から一九六九年までである。この時代は御承知のとおり学園紛争がもっとも激しかった時期と重なっている。東京教育大学も大荒れに荒れたようであった。ある日、先生たち教授会メンバーは紛争学生に教室に閉じ込められた。いわゆる「缶詰め」にされたわけである。そこからどうやって逃げ出したかを、私たちに、愉快そうに語られたことがあった。当時の東京教育大学の同僚に、ノーベル物理学賞を受賞した朝永振一郎博士がいらした。朝永教授もまた福田先生と一緒に缶詰めにされていたという。紛争学生は教授陣を逃げ出させないよう見張っていたが、朝永教授が立ち上がって出て行こうとした。なにしろノーベル賞学者である。紛争学生もさすがに一瞬ひるんで大物理学者に道を開けた。「ボクはね、そのときすかさず朝永さんにくっついて、ぴょんと外に出ちゃったんだ」と先生。

そんな紛争の日々に嫌気がさした先生は、大学教授をやめようかと一時は真剣に考えたらしい。実際に法務省に行って、自分を検事にしないかという話もしたことがある、とおっしゃっていた。ただ、そうこうするうちに植松正教授から、自分の後任に来ないかとのお誘いを受けて、一橋大学に移籍なさったのだという。ただし、一橋大学の紛争は東京教育大学より遅れて始まったため、一橋に来たら来たで、また紛争の渦中に巻き込まれてしまい大変だったんだ、とも語っていらした。

また、ある時は、戦時中の哀しい思い出話もうかがった。先生は戦争体験をあまりお話しにならなかったが、ある時なにかのきっかけで陸軍時代の御友人の話をしてくださった。その御友人は日本大学の学生で、人一倍体格が良く頑健で、重い背嚢を背負った行軍訓練のたびにすぐにへばってしまう小柄な福田先生を助けて、先生のものまで二人分の背嚢を担いでくれたりしたのだという。しかし、その心優しい友は、終戦を迎える年に硫黄島で玉砕、戦死してしまった。たまたま先生は、その直前に、宮城県の塩釜港から硫黄島にむけて輸送船で糧秣を送るため、積み込みの指揮をとっていらした。硫黄島で戦死した友のことを時々思い出しては、「あいつは最後にボクの送った食糧を食べてくれただろうかと思うことがある」とおっしゃって、目に涙をためていらした。福田先生との四〇年近いお付き合いの中で、先生の涙を見たのは、この時だけである。

先に紹介したように、先生は『刑法総論』の「はしがき」で、「囲む会」における学問的交流のことだけを書いてくださっているが、私たち門下生にしてみると、学生時代の教室ではついぞ聞くことができなかった先生の様々な人生体験をうかがえる、楽しみな機会でもあった。

後年、先生がお亡くなりになった後、遺品を整理なさったお嬢様から御連絡をいただいた。「囲む会」の資料が一回目から最終回まできちんと整理されているのが出てきた、というお知らせであった。

几帳面な性格でいらした先生らしいことであり、先生が、「囲む会」をとても大切にしてくださっていた証拠でもあった。

二　最後のお手伝い

私が橋本正博さんと一緒に福田先生をお助けできた最後の仕事は、ドイツで刊行された書籍に収録された先生の「学問的自伝」のお手伝いである。その本は、ドイツ刑法学の国際的継受をドイツ刑法学の理解者であった各国の刑法学者の学問的自伝を通じて描きだそうとするもので日本からは福田平先生と井田良教授の二人が執筆している。Eric Hilgendorf (Hrsg.), *Die Ausländische Strafrechtswissenschaft in Selbstdarstellungen: Die internationale Rezeption des deutschen Strafrechts* (De Gruyter, 2019) という本である。

執筆依頼を受けた先生が御高齢ゆえドイツ語で原稿を書くのはもうつらい、とおっしゃったところ、ドイツの編者から原稿は日本語でもよいという報せが届き、先生は執筆を承諾なさった。最後までワープロやパソコンを使わなかった先生は、いつものように二〇〇字詰めの原稿用紙に万年筆で原稿をお書きになった。原稿はぜんぶで八〇枚弱あり、本文にも注にもドイツ語が多く挿入されている。ドイツ語はいずれも筆記体である。ドイツの出版社からは「MSWord」形式の電子ファイルで原稿を送ることを求められていたので、まずは橋本さんと私で先生の日本語原稿を日本語でパソコンに打ち込む作業を行った。先生の文字は決して読みにくいわけではなく、むしろ読みやすいものであったが、それでも一字一句原稿通りに間違いなく打ち込むのは、思った以上に時間がかかる作業であった。それをドイツに橋本さんがメールで送り、ドイツ側で日本語からドイツ語への翻訳を行った。ひととおりドイツ語に翻訳された原稿が戻って来たあとは、橋本さんが先生を助けて、必要な校正を行い、再びそれを橋本さんがドイツに送り返すという手順を踏んだ。

その後、ずいぶんと時間がかかったが、二〇一九年になってようやくその本が出来上がった。あらためて手に取って眺めると、合計二四人の刑法学者が自分とドイツ刑法学との関わりについて語っている。

先生の章は、御両親、御兄妹、奥様、お嬢様、お孫様といった御家族について語るパラグラフから始まる。次いで学歴や職歴が語られた後、本題であるドイツ刑法学と先生の関係を詳述する。ドイツ留学時代の恩師ハンス・ヴェルツェル教授の指導ぶり、ハンス・ヨアヒム・ヒルシュ（Hans Joachim Hirsch)、アルミン・カウフマン（Armin Kaufmann)、ギュンター・シュトラーテンベルト（Günter Stratenwerth)、ハンス・ルードヴィヒ・シュライバー（Hans-Ludwig Schreiber）といった、後年綺羅星のごとき刑法学者となる人々との若き日の交流と、その中で鍛え上げられた先生御自身の学問的思索の発展の記述が、中心となる話題である。そして最後にわざわざ一セクションを割いて、「囲む会」について語ってくださっている。

そのような先生の学問的自伝の章のみならず、その本のカバーがまた門下生には嬉しいものだった。

自伝を寄せた二四人の刑法学者のうち、カバーには三人の刑法学者の肖像写真だけが印刷されていて、その一人が福田先生なのである。その肖像写真を撮影したのは、先生が東海大学大学院で育てた最後の弟子である奄原伸介さんであった。

二〇一九年一月八日にお亡くなりになった先生は、カバーに御自身の肖像写真が印刷された同年刊行のこの本を、御自分の目で御覧になることができなかった。あとほんの少し生きていらっしゃれば……、と思う。ドイツと日本の刑法学界の交流に生涯尽くされた先生の記念碑ともいうべき本であるだけに、無念である。

先生の御逝去は、お嬢様からの電話で知った。受話器をとって冷静でいられたのはわずかな間だけであった。突如、体の奥底から激しく突き上げてくるものがあり、私は嗚咽した。

幸せな師弟関係であった。

〈付記〉文中の友人たちの肩書は二〇二四年四月現在のものである。

大学教師としての「青春」時代

——勝田有恒先生のこと

一　講義を引き継ぐ

一九九五年四月から母校一橋大学に教員として勤務し始め、前年まで勝田有恒先生が講義していた「比較法文化論」の担当を、同先生の定年退職と入れ替わりに引き継いだ。同科目は勝田先生が一九九〇年に創始した科目で、私は二代目の担当者である。直接の師弟関係がない私が先生の後継者となった経緯は「福田平先生と私」と題する別文章（本書所収）に詳しく書いたので、ここでは繰り返さない。

勝田有恒先生。

この名を書くたびに、先生の声が懐かしくよみがえる。それはいつも楽しげに語っていらっしゃるお声である。

先生は一九三一年（昭和六年）に熊本で生まれた。東京高等師範付属国民学校を卒業後、終戦を挟んで鹿児島県立第一中学入学、長野県立野沢中学校に転校、再び鹿児島県立第一中学校に転校と目まぐるしく移動し、一九四八年（昭和二三年）に旧制第七高等学校理科に入学し同校を一年修了の後、一九五一年四月に一橋大学法学部に入学した。在学中は町田實秀教授に師事し、大学院修士課程を修了後、法学部助手に採用されたのを皮切りに、講師、助教授、教授と昇任し、「西洋法制史」の授業を長年担当した。私が引き継いだ「比較法文化論」の講義を先生が担当したのは定年退職間際の数年間だけであった。一九九五年三月末に定年退職した先生は駿河台大学教授に迎えられた。そして二〇〇五年四月、肝臓癌により死去した。

先生は、お亡くなりになる前、開設されたばかりの駿河台大学法科大学院で「日本法制史」の講義を担当する御予定であった。しかし、長く苦しい闘病の後に逝去なさったため、それは果たせなかった。そのため同講義は勝田先生に代わって私が数年間にわたり担当した。

つまり、私は、一橋大学で勝田先生から比較法文化論の講義を引き継いだだけでなく、駿河台大学法科大学院でも、先生が行う予定だった日本法制史の講義を非常勤講師として引き継いだわけである。

駿河台大学法科大学院の講義担当者に私が指名されたのは、勝田先生の一橋大学教授時代からの親しい同僚であり、当時駿河台大学の学長でいらした竹下守夫教授の御意向があったようだ。私はそもそも日本法制史の専攻ではなく、日本法制史の講義も担当した経験がなかった。したがって日本法制史という名前の講義をお引き受けしてよいものか、大いに迷った。しかし、竹下教授が背中を押してくださった。同教授から、勝田さんがやりたいと思っていたような講義をやってほしい、だから一橋大学での後任者であるあなたに頼みたいのだ、という趣旨のお言葉をいただいたのである。竹下先生は、長年の同僚であった勝田先生の御他界を悲しみ、先生を弔いたいというお気持から、あえて日本法制史の専門家ではない私に話をもってきてくださったのだ、ということがわかった。

考えてみると、勝田先生御自身も、西洋法制史の学者ではあったとはいえ日本法制史の専門家とはいいがたい。その先生が担当するつもりでいらした「日本法制史」という講義は、きっと日本法制史の専門家による通常の講義とはかなり異なったものになったに違いない。ただ、先生がどんな講義を構想していらしたかを知るすべは、すでになかった。唯一私が確信を持てたのは、先生は近現代の日本における西洋法思想の継受の問題を講義内容の中心に据えるつもりであったに違いない、ということであった。そこで、それにもとづいた講義計画を立てた。

もっとも、駿河台大学法科大学院の教室に集まってくれた諸君には、私には江戸以前の法制史を講義する能力がないので、明治維新から話を始めることをどうか許してほしいと、正直に話したうえで、講義を始めた。

三〇年を超える法学教師生活の中で、「刑法」「比較法原論」「比較法文化論」「法学」といった科目を複数の大学で担当してきた経験があるが、「日本法制史」と題する講義を担当したのは、後にも先にもこの時だけであった。

二　鳥への愛情

勝田先生は生前、出版するつもりもないままに、気楽に読める随筆風の文章をお書きになっては、朝子夫人に読ませていらしたという。それらの文章たちを、先生の御逝去後三年経った二〇〇八年に、同夫人が『餡パン文化』（ロゴス社）というタイトルの私家版の一書に編んでくださり、私たちも活字で読むことができるようになった。

同書には、身近な題材をきっかけに、勝田先生が古今東西の歴史や自然科学の知識を語りながら、東西の（法）文化の相違について言及する、知的で楽しいエッセイの数々が収められている。

収録された文章たちのタイトルを見ていて気づいたことがある。動物と植物と食物に関する話がとても多いのである。たとえば「動物」を素材としたものには、「兎は一羽」、「犬の東西」、『フランダースの犬』異聞」、「鳥のいる風景」、「フクロウ・梟・木菟」、「軽井沢で耳にする音」（内容は鳥と昆虫の鳴き声の話である）といった文章がある。「植物」を素材にしているのは「ゼラニウムを窓辺に」、「駿河台匂い」（タイトルは桜の品種の名）、「桐の花・桐一葉」、「食物」は「フク（河豚）を食うということ」、「餡パン文化」、「海苔——イギリスと日本」、「ジャガイモの話」といった具合である。どれにも当てはまらない二、三編の文章もあるが、上記の三類型にほとんどの文章が分類できる。しかも第三の類型とした食物の話は、広義の「動物」及び広義の「植物」の話に分類することもできる。魚類のフグはanimalと言うことができるし、海苔とジャガイモはもちろん、餡パンも小麦と小豆からできているから植物の話だといえないことはない。

こう考えると、要するに、先生は、動植物に詳しくかつ興味がおありだった、というべきだろう。中でも先生は特に鳥に詳しく、鳥類に深い愛情と敬意を抱いていらした。実際、先生は「人間の次に偉いのは鳥であることは確かであると思う」とまで断言なさっている。その背景には、先生御一家が長年ペットのダルマインコと一緒に暮らした経験から来る確信があったようで、上記の断言に続けて、「わが家の『ターコ』を見ても非常に頭脳が発達していることが判る」と書いていらっしゃる（『餡パン文化』一〇四頁）。

この文章で「ターコ」とされているペットの鳥は、「ター坊」とも呼ばれていた。むしろ私が聞いていた名は「ター坊」である。では、なぜ二つ名前があるのか。その理由を先生の御子息の浩一郎さんに教えていただいた。当初、オスだと思って「ター坊」と名付けていたところ、のちにメスだと判明し、「ター子」とのダブルネームになったのだそうだ。ただし、勝田家のみなさんはその後も「ター坊」と呼んでいらしたようなので、私も「ター坊」と書くことにする。

「ター坊」を、先生御夫妻は、文字通り「家族の一員」として遇していらした。私が初めて先生のお宅におうかがいしたときも、ター坊をあたかもお子様のように御紹介くださった。また、ある時には、「もう息子より長く一緒に暮らしているんだ」とおっしゃったこともあった。

この文章を書くにあたり、浩一郎さんに確認したところ、ター坊は一九七五年に勝田家の一員に加わったという。井の頭公園のほとりのマンションの高層階にある勝田家のベランダに、その年の初夏、ター坊が飛んできたのだという。まるで童話のような出会いである。そして、その日からじつに三二年間もの長きにわたり、ター坊は勝田家の皆さんと一緒に暮らしたのだという。私がター坊と対面したのは一九九五年であるから、すでにその時、勝田家で二〇年間暮らしていたことになる。その間、ター坊は勝田先生を「友達」、奥様を「パートナー」、御子息の浩一郎さんを「子分」だと認識していたようだ、というのが浩一郎さんの観察である。

先生御夫妻は、夏になると軽井沢の別荘にお出かけになるのを常としたが、高齢のター坊のために新幹線の座席を一人分ちゃんと予約するとおっしゃっていた。このように愛情深い飼い主に長年可愛がられたター坊は幸せであったと思う。

勝田先生が眠るお墓は小平霊園にある。その墓石の脇にひっそり寄り添うように「ター坊」の名が刻まれた小さな墓碑が置かれている。

生涯鳥を愛していらした先生のお優しい人柄を、『餡パン文化』を編んだ朝子夫人の「あとがき」からも知ることができる。

朝子夫人の回想によると、先生が亡くなる前年の夏、信濃追分宿を歩いていた先生御夫妻は、自動車に小鳥がぶつかって落ちるのを目撃する。車はそのまま走り去り、思わず駆け寄ったところ、青虫をくわえた小さなヒガラであった。先生は左手をくぼませて気を失った小鳥を寝かせ、右手でそっとふたをして歩き出した。死んでしまったのかしらと、時々見守りながら御夫妻は歩き続け、とある木の下に立ち止まる。

ここからは、朝子夫人の瑞々しい文章をそのまま引用しよう。

のぞきこむと、ヒガラはちょっと体を動かし始め、しばらくすると、可愛い目を開けて、羽をハタハタさせました。主人はそっと右手を開いて「飛べるかい？」と話しかけました。

ややあってヒガラはパッと飛び立ちました。そしてその大木のまわりを三回ほどゆっくり旋回してから、チチッと鳴いて、今来た道を高く飛び去りました。

「御礼を言って行ったのネ」と私が感に堪えて言いましたら、主人はにっこり笑いました。その笑顔が今も目に残っています。（『餡パン文化』一六一頁―一六二頁）

生前の勝田先生を知る者には、「飛べるかい？」という先生の声が、今にも聞こえてくるようだ。小さな命をいつくしんでいらした先生は、私が一橋大学に着任してから始めた動物法研究をいつも応援してくださった。先生の御存命中に、『動物の比較法文化』（有斐閣、二〇〇二年）、『法と動物』（明石書店、二〇〇四年）という二冊の本を出版することができた。いずれの著書も、先生はお褒めくださった。動物が人間の暮らしにとっていかに重要なものであるかという実感を、ター坊を家族として遇していらしたがゆえに、お持ちくださっていたのだろうと思う。

さらに私は二〇〇九年に『日本の動物法』という本を東京大学出版会から出すことができた。すでに勝田先生は他界していらしたので、私はあとがきに次のように書いた。

一橋大学で私が担当している「比較法文化論」の前任者であった勝田有恒先生は、飼鳥（インコ）に深い愛情を注いでいらした。勝田先生はすでにこの世を去られ、先生に本書をお見せしてご感想をうかがうことができないのは、かえすがえすも残念でさびしい。

『日本の動物法』は、幸いにしてその後第二版を出すことができた。二〇一六年に出た第二版ではカバーを一新し、長年野鳥を描き続けている日本画家・内藤五琅画伯のタンチョウとカワセミの絵を使用させていただいた。内藤画伯の絵を使わせていただいたのは、画伯のお嬢さんの七枝さんが偶然にも一橋大学法学部で私のゼミ生であったという御縁からであった。鳥類にとりわけ深い畏敬の念を抱いていらした勝田先生、しかも後述するように自ら絵筆を握る趣味のあった先生に、美しい絵画を配した拙著のカバーを見ていただけなかったのも残念である。

こうしてみると、動物法を研究テーマのひとつに選んだ私は、意図せずにではあるが、先生の後任者に似つかわしい選択をしていたのだと、今になって気づく。

ただ、少なくとも私が研究を始めた一九九〇年代には、動物の問題は、法学の世界では極めて周縁的な、その言い方が不穏当であれば好事家的なテーマだと考えられがちであった。実際、その当時、私は「動物法研究の第一人者」というあだ名を、気の置けない同僚につけられた。誤解をしないでいただきたい。褒められてはいないのだ。それどころか揶揄されているのだ。なぜならば、「第一人者」は「だいいちにんしゃ」と読むのではなく、「だいひとりしゃ」と読むのだから。

ちなみに、私の最初の著書である前述の『動物の比較法文化』が出版されたとき、妻が勤務先から帰宅する途中、新宿の紀伊國屋書店に入荷しているかどうか見に行った。私の本は、「一橋大学大学院法学研究科叢書」というシリーズの一冊であったにもかかわらず、「法律」の棚には見当たらず、「動物」という棚に配架されハムスターの飼育法を解説した本の隣に置かれていたと、妻は笑いをこらえながら報告した。

動物法研究をしていると固有の誤解をされることにも気づいた。動物法を研究しているというだけで、無類の動物好きにちがいないと一方的に断定されるのである。一橋大学の学生諸君の間では「青木先生はとくに鼻の長い犬が好きらしい」という噂がまことしやかに流れていることを知り合いの学生が教えてくれたこともある。

たしかに動物は嫌いではない。しかし、喘息の持病があり、夫婦共働きで家を空ける時間も長かったため、ペット動物はまったく飼っていない。それにもかかわらず、動物法研究をしているというだけで、当然ペットと暮らしているに違いないと即断され、「先生が飼っていらっしゃるのはイヌですか、ネコですか?」と聞かれるのである。イヌかネコを飼っているとどうして決めつけるのか。せめて「イヌとネコのどちらが好きですか?」とか「イヌ派ですか、ネコ派ですか?」とか抽象化して聞いてほしい。ついでにいうと、その際にも、言葉は正確に使ってほしい。満面の笑みで「先生はイヌですかネコですか？」と聞く御仁が現れたときは、「ヒトです」とぶっきらぼうに答えてやりたかった。こういう言語感覚の人は、国際線で機内食を配るCAさんに“Chicken or beef?”と聞かれたら、“I am a chicken.”と答えるのだろう。

私の周囲の法学者の中には金融法や有価証券取引法を研究している商法学者がごまんといる。また刑法学者ならその研究対象は犯罪である。そのくせ、かれらは、「あの先生はおカネが大好きらしい」と噂されたり、「先生は株式派ですか現金派ですか？」とか、「さては犯罪がお好きですね？」と聞かれたりすることは、決してないのである。まことに不公平である。

三　咄好き

さて、脱線したので、話を勝田先生に戻そう。

先生と初めて出会ったのは一橋大学の入学試験の日である。私の試験室の監督者が勝田先生であったからである。もちろん受験生には監督者の名前も役職もわからない。だから当日は、たぶん大学の先生なんだろうな、という程度の推測をしただけであった。しかし、無事に合格し、大学一年生のときに真っ先に履修した「法学通論1」という通年授業の後半（夏休み以降）の担当者であった先生が教壇に上がったとたん、「入試の時に監督していた先生だ！」と気づいた。当時はインターネットなぞない時代だったので、マスコミによく登場するごくごく一部の教員をのぞいて、大学の先生の顔などは教室で実際に会って初めて知るものなのであった。

先生の講義は面白かった。ドイツ法制史の専門家であった先生は、右も左もわからぬ一年生にいきなり「サヴィニーとティボーの法典論争」の話をなさり、さかんにドイツ語を板書した。第二外国語はフランス語を選択し、ドイツ語のアーベーツェーも知らない私であっても、「民族精神」を表す「フォルクスガイスト」(Volksgeist) や「発展」を意味する「エントヴィックルング」(Entwicklung) というドイツ語だけは、先生の教室ですぐに覚えた。

内容からすれば、話し方によっては、たいへん難しい講義になってもおかしくなかったが、先生の講義はわかりやすかったし、なにより面白かった。とにかく先生御自身が楽しげにお話しになるのだ。先生は間違いなく咄好きであった。そして、巧みな話術で学生を楽しませるのも、たいそうお好きであったにちがいない。

ドイツ歴史法学派とは何か、ロマニステンとゲルマニステン、サヴィニーの著作『現代ローマ法体系』というタイトルがはらむ自己撞着、といった、かなり専門的な講義をしつつ、そこから、法の発展を促すものに立法、擬制、衡平という三つの手段があるという一般論になだらかに移行し、擬制の一例としてウサギを一羽二羽と鳥と同じ数え方をすることを教室でお話しになったりした。

法の発展を促す手段に関する後半の内容は、碧海純一教授の『法と社会』(中公新書) という有名な本にも紹介されている。碧海先生は、一九世紀のイギリスの学者サー・ヘンリー・メイン (Sir

Henry S. Maine 1822-1888）が古い時代の法改革の道具として、「擬制」と「衡平」（または自然法）をあげていることを紹介したうえで、擬制について次のように述べる。

「擬制」（fiction）とは、一種のウソであるが、普通のウソとは少しちがう。つまり、普通のウソでは当事者の一方だけがその虚偽性を知っており、他方の当事者は「だまされる」のであるが、擬制のばあいには関係者全部がその虚偽性を内心では知っているので、だれもだまされないのである。たとえば、幕末以前の日本では、仏教思想の影響で「四ッ足」、すなわち哺乳類の肉を食べることが禁ぜられていたが、ウサギだけは「鳥」だということにして、食べてもよいとされていた。これなどは擬制の好例であろう。（いまでも、ウサギを数えるのに、「一羽、二羽」というのは、この風習のなごりだという。）（『法と社会』九〇頁）

これを読むと、勝田先生の講義は碧海先生の著作の受け売りに思えるかもしれない。それは誤解である。なぜかというと、勝田先生の講義は到底そこにとどまらないものだったからである。実際、ウサギの数え方と擬制の話なら、碧海先生の御著書の記述よりはるかに詳しいことを勝田先生の教室で教わった。

なにぶんにも四〇年以上昔のことなので、その記憶もだんだん曖昧になっていたところ、幸いにも先生御自身が「兎は一羽」というタイトルの文章を書き残していらして、それが上述の『餡パン文化』に収録されている。そこに書かれている内容こそ、かつて私が講義で拝聴した話そのものであった。

どんな話だったか。先生の文章を要約すると、次のようなことが書かれている。

徳川家がまだ三河の一豪族に過ぎなかった頃、年の暮に百姓から兎が献上された。新春の宴でそれを雑煮にしたところ、その年から家運が隆盛に転じた。以後徳川家では毎年正月には兎の雑煮を振舞うのが習いとなり、徳川幕府が開かれた後も、新春の江戸城で諸侯に振舞われていた。ところが将軍綱吉により「生類憐の令」が出されてしまった。当時の庶民や山の民は熊や鹿、猪や兎を食べていたし、精進を旨とすべきお寺の坊さんの間でも赤豆腐（マグロ）とか般若湯（酒）などの隠語がまかり通っていたくらいだから、一般庶民には、兎のためにことさら一羽という数え方を創りだす必要はなかったのではないか。したがって、兎は一羽という数え方は「生類憐の令」が生み出した江戸城内での法的擬制であろう（『餡パン文化』一二六―一二八頁を要約）。

先生はさらに落語の「鹿裁判」の話も付け加える。

奈良の春日大社は古くから鹿を厚く保護していた。あるとき正直で親孝行な豆腐屋が「おから」を漁る鹿を犬と間違えて殺してしまった。奉行は裁きの前に豆腐屋を呼び、「なんと言おうとも、左様でございますとしか答えるな」と命じた上で、お白州で殺された鹿を指して、「豆腐屋、これは犬であろうがな」とただす。豆腐屋は言われたとおり、「左様でございます」と答えたところ、奉行は「シカ（確）と左様か」と念を押す。ここでも法の厳格な形式主義を緩和して衡平な判決を導くために擬制を用いている（同書一二九―一三〇頁を要約）。

と、いうのが、私が大学一年生の時に勝田先生の講義で伺った内容の概略である。

碧海先生が、ウサギを「鳥」だと擬制して食べてよいことにした名残が一羽二羽という数え方である、とだけあっさり述べている話を、勝田先生はこのように存分に膨らませてお話しになったのである。しかも、講義にしばしば落語の話を交えるのを得意となさっていた先生は、「シカと左様か」のセリフを、落語家の演じる奉行の口調そのままに臨場感たっぷりに演じて見せるサービス精神もお持ちであった。

勝田先生の咄好きに関連する想い出は他にもある。

一つ目は、大学院在学中の話である。勝田先生の授業に出ていた先輩大学院生たちは、難解なドイツ語テキストの輪読に入る前に、いかに上手に先生の気をそらし、お得意の面白いお話の数々を語らせるかを競いあっている、と聞いた。当時博士課程に在学していらした法哲学専攻のTさんがその名手であって、先生が輪読を始めようとする直前の絶妙なタイミングで先生の興味を引きそうなことを質問し、まんまとつられた先生が、「ああ、それについてはネ、こんな面白い話があってサ……」とすぐに一席始めてくれる、というのであった。

二つ目は、私が勝田先生の後継者として一橋大学の助教授に着任してからの話である。その日私は福田平先生のお宅でおしゃべりをしていた。福田先生は勝田先生より年長であったが、勝田先生と親しく、そのお人柄もよく御存知である。その座には福田先生御夫妻と、私を含む先生の門下生が数名いた。さんざんおしゃべりして、楽しく笑い合っていたのだが、ついに話題が尽きて、ふと、沈黙が訪れた。すると、福田先生は、勝田先生の後任である私に向き直って、こうおっしゃったのだった。

「青木君、なにか面白い話はないのか。勝田君ならいくらでも面白い話をするぞ」

勝田先生の後継者としての修行がまだ足りない、というわけである。

四　画　才

勝田先生にはあって、残念ながら私にはまったくないものもある。その一つは画才である。先生は自ら絵筆をとって風景画をお書きになる趣味がおありだった。私にはまったく絵画の才がないので、先生のお描きになった風景画を拝見したことはあったものの、適切な批評ができない。

しかし、勝田先生の絵に関する第三者の批評であって、四〇年近く経っても忘れられない名文がある。それは一橋大学でドイツ語を教えていらした森川俊夫教授が一九八五年の七月に「如水会々報」（一橋大学同窓会誌）に載せた「ゾーストの風景」という小文である。

森川教授はある日学生部長室に勝田先生を訪ねた。するとそこにはかつて自分の目で眺めたドイツのゾースト（Soest）の街を描いた絵画があることに気づく。教会の方尖塔がおおきくかしいでいるのが場所を特定する決め手になった。それまでは誰一人わかった人がいなかった場所を森川教授が言い当てたので、勝田先生も大いに驚いた。森川教授は続ける。

ただ、この絵の作者は誰なのか見当がつかなかった。勝田学生部長から鑑定をもとめられた高橋安光教授も、絵画についてはなかなかやかましいのだが、作者がわからない。凡手のよくするような絵ではない。傑作である。とすると手法から作者を推定できそうなものだが、見当がつかない、というわけである。

じつはこの絵の作者は、高橋教授に鑑定を求めた勝田先生御本人なのであった。森川教授曰く。

それはこの絵の価値をいささかも減じるものではない。高橋教授がこれをフランス近代絵画の一名品と評価した事実は動くことはないからである。

この上質なユーモアに彩られた文章を最初に読んだとき、私は大学院生であったが、腹をかかえて笑った。「フランス近代絵画の一名品」という鑑定を下した高橋安光教授、通称「アンコーさん」も良く知っている。アンコーさんにフランス語を教わったからである。森川教授の名文により、お二人のやり取りが手に取るように想像できた。そ知らぬ顔をして鑑定を依頼しておいて、勝田先生はどんなふうに種明かしをしたのだろう、そしてアンコーさんは森川教授のこの文章をどんな顔をして読んだだろうと想像すると、たまらなく可笑しい。

私には、高橋安光教授の絵画批評家としての実力を云々する資格はない。しかし、われらがアンコ-ル先生をしてフランス近代絵画の一名品と断定せしめるほどの作品をものしたのだから、勝田先生はたいそうな画才をお持ちだったのだと信じて疑わない。

五　軽井沢の別荘

先生から「比較法文化論」を引き継いだ最初の年（一九九五年）、一橋大学で初めてのゼミ生を迎えた。優秀で楽しい新三年生が三人、私のゼミに入ってくれた。岡崎雄一郎君（天王寺高校卒、現在全日空勤務）、浜田真美さん（金沢大学附属高校卒、現在神戸製鋼所勤務）、結城堅太郎君（巣鴨高校卒、現在村田製作所勤務）の三人である。また、そこに藤本幸二君（岡山高校卒）という四年生も加わった。藤本君は、勝田先生の高弟で西洋法制史の後継者でもあった山内進教授（のちに学長になる）のゼミ生であったが、私の着任と入れ替わりに山内さんが在外研修のためヨーロッパに渡航したので、一年だけ山内ゼミから藤本君を預かったのである。藤本君は、山内さんの帰国後、山内ゼミに戻り大学院に進学し、現在は岩手大学の教員として西洋法制史を講じている。

最初のゼミに選んだテキストは、穂積陳重の『法律進化論』である。毎週四人のゼミ生たちと興味深い話題満載のこの古い大著を読み、終了後はいつもワードゲームをやって遊んだ。当時私は三三歳だったので、学生たちは友だちのように感じられた。学生たちからしてもそうだったと思う。たとえばある日の昼前に結城君が突然研究室に来たことがあった。

「おお、結城、どうした？」

「先生、昼めし食べに行きましょう」

なんのことはない、結城君は、昼食を一緒に食べる相手を探していただけだった。そしてその日は
ふたりで国立駅前の「大戸屋」に行った。

またある時、浜田さんが「つり舟のかき揚げ丼が絶品らしいですよ」という情報を教えてくれた。

「つり舟」というのは一橋の学生（とくに体育会系学生）がよく行く和食店である。天ぷら好きの私は
さっそくひとりで「つり舟」に出かけた。カウンターで大将に向かって「かき揚げ丼」と注文した。

「本当にお召し上がりになりますか？」

「え？　どういうことでしょう」

「すごく量が多いですが、お客さん、大丈夫ですか？」

「はい、それを食べに来たんですから」

出来上がった「かき揚げ丼」を見て、肝をつぶした。巨大などんぶりの上に手のひらサイズのかき
揚げたちがどかどかと何枚も積み上げられ、およそ三〇センチの高さにそびえている。結局、三分の
一も食べられなかった。

「申し訳ない。これ以上食べられない」

「いや、お客さん、よくお召し上がりになった方だと思いますよ」

1995年夏。一橋大学最初のゼミ生との合宿風景（左端が著者）

かき揚げ丼は通常メニューではなく、いわゆる「デカ盛り」に挑戦するフードファイター的な趣味の人たち向けの特別メニューだったのである。

翌週のゼミの時間に浜田さんに苦情を言った。浜田さんは、本当に絶品だって聞いたんです、と慌てて言った。ウソではなさそうだった。どうやら浜田さんをだまそうとした学生がいて、私が身代わりにだまされてしまったようだった。ちなみに、その後、長年の大学教師生活を経て、現在の私は、学生の味覚は一切信頼してはいけない、という確信を持つに至っている。

学生のサークルとあまり違わないゼミであったから、夏休みにはゼミ合宿（旅行）をしようという話に当然なった。すると岡崎君が言った。「ボクの母親がリゾートマンションの利用会員権をもっています。家族のボクもその権利を利用できて、同行者は誰でもいいんです。つまり、ボクさえ行けば、先生も他のゼミ生も日本各地にあるそのリゾートマンションに安く泊まれ

1995年夏。前列，勝田有恒先生御夫妻（後列左から2番目が著者）

ます」。それは素晴らしいと衆議一決、遠慮なく岡崎君の母上の利用権を使わせていただくことにした。どこに行くかはよりどりみどり。まずは誰もが知る有名な避暑地、軽井沢のリゾートマンションに行くことにした。

軽井沢には毎夏、勝田先生が滞在している。そこで、行く前に勝田先生の別荘の電話番号を、先生が緊急連絡先を知らせていた助手さんから聞きだしておいた。軽井沢に到着して、さっそく先生に電話をしてみた。さいわい私たちの泊まっていたリゾートマンションからは先生の別荘は歩いて行ける距離にあった。ぜひいらっしゃい、とおっしゃっていただけたので、私たち五人は、遠慮なく先生の別荘をおたずねした。

勝田先生御夫妻は私とゼミ生の来訪を歓迎してくださり、例によって楽しい話をたくさん聞かせてくださった。いまでもよく覚えているのは、天皇・皇后の「御真影」や「教育勅語」がうやうやしく納められていた「奉安殿」が、どういうものであったか、という話である。昭和三六年生まれの私の世代はもう奉安殿を見たことがない。話に聞いて知っているだけである。ましてや若い学生は「ホーアンデン」という言葉すら知らない。先生は、戦前通っていらした学校にあった奉安殿の中を、人の目を盗んでこっそりのぞき見た話を、愉快そうにお話しになった。好奇心旺盛で、人間の最大の発明は「神」だ、とよくおっしゃっていた先生らしいエピソードである。

ちなみに、『餡パン文化』の中には「我らが『神さま仏さま』」という文章が収められており、その文章の末尾には、先生が戯れに作った辞世の句が書かれている。

「恐らくはあの世はないと確かめに逝く」

で、結局どうでしたか、先生。と、聞けるものなら聞いてみたい。

別荘から辞去するとき、先生は道路まで私たちを送ってくださった。夏の木漏れ日が美しい高原の林道を歩いていると、高齢の男性とすれ違った。男性は時折小さく咳をしながら通り過ぎていった。先生はその男性にちょっと会釈をし、私たちに、「今の人はKさんだ」と教えてくださった。詩人・英文学者として知られたK氏は、童話の翻訳もなさっている方だったので、私はそのお名前を子どもの頃から存じ上げていた。

そのことを先生にお伝えしたら、「これがほんとの、謦咳に接する、だな」とおっしゃって、高らかにお笑いになった。

六　大学教師としての「青春」時代

それから何年経った時だったであろうか。ある日、山内君と青木君に話したいことがある、とおっしゃって、勝田先生が一橋大学においでになった。山内進さんの研究室で私たちは先生とお目にかかった。

先生は開口一番、「じつはボクは肝臓癌だ。それを伝えに来た」とおっしゃった。私はどう答えていいかわからず返答に窮した。山内さんもおそらく初耳であっただろう。

その時のことだったか、それより後のことだったか、記憶がもう判然としないが、すでに病の告知を受けていた先生から、私たち二人は（山内さんはともかく私には）もったいないお言葉をいただいた。

「ボクは幸せだ。後継者に恵まれたから」

西洋法制史家として立派なお仕事をたくさんなさっていた山内さんと同席していたので、私はいわばその「お相伴にあずかった」のであろうが、前任者からそのような言葉をかけていただけた私こそ、幸せな後継者である。

学部生時代の教室を除けば、勝田先生と親しく接することができたのは、一九九五年から二〇〇五年に先生がお亡くなりになるまでの一〇年間だけであった。その時期の記憶は、年の近かったゼミ生たちとの楽しい思い出とともにあり、今振り返ると、大学教師としての私の「青春」時代だったと思う。

実存的希望のメッセージ
——三枝康治先生のこと

一　三枝康治先生

私は山梨県立富士河口湖高校の卒業生である。

母校の話をするときは、「私は登校初日にして学校始まって以来の逸材と謳われた」と自慢することがある。本当なのだ。入学式で私は新入生代表として宣誓をしたからである。種明かしをしよう。

私は一期生なのである。私の登校初日は、同時に母校の歴史が始まった初日でもあった。

還暦を過ぎた今でも富士河口湖高校の記憶は温かい思い出とともに心に残っている。学校というものは頻繁に創立されるものではないから、一期生は誰でも望んでなれるものではない。私が母校に愛

着を抱くのは一つにはそういう理由である。ただし、それだけではない。それ以上に、高校時代に出会った先生方や同級生たちと、卒業後も長くお付き合いしてきたからである。

その新しい学校には二十代から三十代の若く優秀な教員がたくさん集まっていた。初代校長は岡部褢先生であった。はるか後年になってから、岡部先生ご本人に開校前後の思い出話をお伺いしたことがある。岡部校長は、新しい学校を任されるにあたり、ひたすら知性の観点から優秀な教員を集めた、とおっしゃっていた。

現在も御健在の当時の先生方のうちに今でも交流が続いている方がお二人いる。お一人は国語の先生で高校三年生のときの担任であった山口毅先生である。先生との交流は、卒業以来途切れたことがない。著書が出版されたときは必ずお送りする。先生のお住まいは毎年八月に故郷の富士吉田市で行われる「吉田の火祭り」の松明が立ち並ぶ通りに面している。それで、一橋大学のゼミ生を火祭り見物に連れて行ったときなどは御挨拶に立ち寄ることが多い。厚かましくも全員で上がり込み、料理上手の奥様に御馳走になったことも何度かある。

もうお一人は、音楽担当だった高柳勉先生である。先生は、山梨県の高校教員を定年退職後、一橋大学のある国立市に転居していらした。先生は、かつて国立市にキャンパスがあり今でも大学名に「国立」の名を冠している国立音楽大学の卒業生であった。学生時代を過ごした懐かしい街であることが、転居先を決めた理由の一つだとうかがっている。先生とは長年交流が途絶えていたが、先生が私の職場至近に転居なさった後、偶然のきっかけで再会が実現し、以来、時々お目にかかっている。

後年有名な合唱指導者になる先生は、お若いうちから合唱指導に情熱をおもちだった。しかし、先生が指導する音楽部には一期生は女子生徒しか入部しなかった。どうしても混声合唱がやりたいとお考えになった先生は、音楽の授業に出ていた男子生徒に自ら声をかけ、男声パートを歌う助っ人をスカウトなさった。私はその時先生に「一本釣り」された生徒の一人であり、卒業アルバムの写真では本来の部員ではなかったくせに先生の隣に写っている。

一方、卒業後四四年も経過し、私の在学当時に壮年でいらした先生方はもちろん、お若かった教員のうちにもすでに世を去った方がかなりいる。鬼籍に入った先生方のうち、もっとも親しくさせていただいたのは、高校二年生のときの担任の三枝康治先生であった。

三枝先生には、まる三年間教えていただいた。科目は「世界史」と「倫理・社会」。先生は、山梨県立吉田高校から東京教育大学に学び、山梨県の高等学校教員採用試験にトップで合格した若き俊英教諭であった。お人柄は穏やかで、その講義にけれん味はまったくなかった。授業は終始淡々と進み、先生の滑舌も決して良いとはいえなかった。一言でいえば地味な授業であった。しかし、注意深く講義を聴いていた私には、先生の知識の広さと深さ、そしてそれを支える読書量の豊富さが、すぐにわかった。

次の二で紹介するのは、三枝先生がお書きになった史伝小説『菁莪の人――小説森嶋弥十郎其進』(山梨新報社刊)の出版祝賀会における私のスピーチ原稿である。祝賀会が開かれたのは二〇一七年一一月五日。会場は富士河口湖高校の近くに立つハイランドリゾートホテル内のレストランであった。

森嶋弥十郎は、江戸時代の富士北麓に生まれた。江戸に出て聖堂学問所に学び、その後故郷に戻って教育者となる。先生は、森嶋が故郷に戻って教育者として出発するまでの人生を小説に描き最晩年に自費出版なさった。

その小説が、森嶋に仮託した先生の自伝であることは、一読して明らかであった。出版祝賀会には高校時代に親しく教えを受けた同級生たち（当時五六歳）が一〇名集い、先生御夫妻を囲んでお祝いの宴を開いた。私は、先生の面前で読後感を述べる役を与えていただいた。

教壇からはすでに退いていた先生は、祝賀会の前から重い病と闘っていらした。時々耳にする病状は深刻で、祝賀会に出ていらっしゃること自体が難しいかもしれないと私たちは危ぶんでいた。しかし、当日、先生は病身をおして御出席くださり、明るく私たちと会話をなさり、出された料理もかなりお召し上がりになった。それを御覧になった奥様からは、「今日はみなさんが夫に心の点滴をしてくださった」という感謝の言葉を頂戴した。

そういえばこの祝賀会の前年にも同窓会があった。席上、スピーチに立った先生は、明らかに以前よりお痩せになっていたが、癌の治療を受け始めていることを明るい口調でお話しになったうえで、「自分にはまだやり残している仕事があります。それが何かは、今は言えないけれど」とおっしゃった。

あの時「やり残している仕事」と先生がおっしゃったのはこれだったのかと、先生が送ってくださった御著書を拝見して初めて理解した。

二　実存的希望のメッセージ

――三枝康治著『菁莪の人――小説森嶋弥十郎其進』を読む

1　「自伝」としての『菁莪の人』

三枝先生、このたびは、『菁莪の人――小説森嶋弥十郎其進』の御出版、おめでとうございます。心からお祝い申し上げます。

私は、先生から御恵贈いただいて、封筒を開けてすぐに読み始め、そのまま読み終わりました。さらにその後もう一度、じっくり読み直し、いろいろ考えることがありましたので、今日は、それを、みなさんにお話しさせていただきます。

この本は、森嶋弥十郎という人物が主人公ですが、いわば三枝先生の自伝です。そのことには、みなさんも、すぐにお気付きになったことでしょう。富士北麓で生まれた男が御茶ノ水界隈で学問をして、そして故郷に戻って教育者になる。これはぴったり先生の人生と重なりますから。

ただし、弥十郎だけが、先生が御自身を投影した人物なのではありません。『菁莪の人』の登場人物は全員、著者によって造形されているのですから、じつはすべての登場人物の中に、三枝先生がいるはずなのです。このことが、みなさんに最初に申し上げておきたいことです。

もうひとつ、あらかじめみなさんにお断りしておきたいことは、作品というのは、文学作品でも学術論文でも、活字になった途端、著者の手を離れて、独り歩きするということです。いわばその「読み」が読者に任される。これから私がお話しすることに対して、もしかしたら、先生は、「いやそういうつもりではなかった」「それはちがう」とおっしゃるかもしれません。しかし、もはや作品は独り歩きしておりますから、私の読みは、私の読みとして、理解していただきたいのです。「著者がなんといおうと、私はこの作品をこう読んだのだ」ということを、これからお話しします。

三枝康治先生が人生最後の日々を費して出版した史伝小説

ちなみに、私自身も、「もの書き」だと言ってもいいわけですが、これに関係して思い出す滑稽な経験があります。私の書いた文章が入学試験に出題されたことが、これまで何回かあります。小論文の課題文だったり、国語の問題文だったり、いろいろです。一〇年近く前に、慶應義塾大学法科大学院が、私の書いた文章を入試の小論文の課題文に使ってくれたことがありました。有名大学の試験問題ですから、法科大学院の受験対策本などに、その問題がなんども採録されました。そのたびに私に連絡があり、わずかな著作権使用料が送られてくるのですが、出版社によっては、完成した本の実物を送ってくれることもあります。私の文章を読んでそれについての意見を書く、という出題だったのですが、「解答例」が載っている本がありました。なかなかよく書けている答案で、出題された文章の著者である私も、内心、「そうそう、その通りだ」などと頷きながら、その「解答例」を読んでいました。そうしたら、その解答例の後の解説が、こう続いていたのです。「このような浅薄な答案では合格はおぼつかない」と。

ときに読者は、文章を書いた本人以上の深読みをしてくれるものです。

言いたいのは、要するに、『菁莪の人』の登場人物はいずれも著者の分身であること、そして、作品はもう著者の手を離れて独り歩きするものだから多様な読みが可能であること、という二つです。このことを強調したうえで、本題に入ります。

2　森嶋弥十郎と三枝先生のおかれた歴史的環境

主人公の弥十郎と、著者の三枝先生は、どのような時代、どのような歴史的環境を生きた、あるいは、生きているでしょうか。

まずは弥十郎からみてゆきます。弥十郎という人は、宝暦一一年、つまり西暦でいうと一七六一年の生まれです。奇しくも、今日、ここに集まっている私たちのほとんどは、一九六一年生まれですから、私たちよりぴったり二〇〇歳年上の人ということになります。ちなみに、弥十郎の没年は一八二一年、六〇歳で他界していますので、一九六一年生まれで、今年五六歳になった私たちは、弥十郎の人生でいえば、すでに最晩年を生きている、ということになります。

ここで、『菁莪の人』の舞台となった時代の出来事を確認しましょう。

物語は、寛政二年（一七九〇年）で終わっています。弥十郎が谷村に帰って教育者として生きて行くことを決意した年です。そのとき、弥十郎は（数え年）三〇歳です。

国内事情は、作品そのものが、かなり多く語ってくれています。舞台は、いわゆる「田沼時代」の盛期から末期です。弥十郎が生まれる三年前、一七五八年に大名になった田沼意次が、一七六一年には側用人に任じられ、一七七二年には老中になります。『菁莪の人』の第一章は天明二年つまり一七八二年から始まりますから、すでにその時点で、田沼が権力の中枢にいたことになります。もっとも、田沼は、物語の途中で失脚します。天明六年（一七八六年）に、田沼は罷免されるのです。田沼に代わって政権の中枢に座ったのは、老中松平定信でした。寛政元年、松平が将軍補佐役となり、倹約を旨とする寛政の改革が始まります。江戸幕府が湯島聖堂で朱子学以外の講義を禁じたのも、寛政二年のことです（寛政異学の禁）。

この時代は、天変地異がことのほか多かったのです。干ばつ、洪水、大火、疫病、そしてなんといっても、三原山、桜島、浅間山の相次ぐ大噴火。おびただしい数の人や家畜が死に、そして大飢饉が訪れます。なんとも悲惨な時代です。

もっとも、文化的な見地からは明るい側面もありました。前野良沢と杉田玄白の『解体新書』の発行、平賀源内が火浣布やエレキテルを完成させたのは、ともにこの時代の出来事です。そして、弥十郎は恋人・宇多を絵の中の芍薬になぞらえましたが、その絵を描いた小田野直武も、この時代の人です。小田野は、平賀源内に洋画を習い、解体新書の図を写した画家としても知られています。

国外に目を転じてみましょう。これまた激動の時代なのです。弥十郎の生きた同じ時代のヨーロッパでは、ルソー、ヴォルテールという啓蒙思想家が活躍しています。私たちが今なおそれを土台として生きている、近代という大きな時代を準備した人達です。文豪ゲーテも、哲学者のカントもこの時代に生きていました。そして、新大陸では、一七七六年、アメリカ合衆国が独立する。弥十郎が谷村に戻ることを決意した頃の一七八九年、パリではバスティーユ監獄の襲撃があり、ついにフランス革命が始まります。また、弥十郎の生きた時代は、産業革命とも重なっています。ハーグリーブスによる「ジェニー紡績機」の発明（一七六四年）、アークライトの「水力紡績機」（一七六九年）は弥十郎の幼少期の出来事、数学者のオイラー、科学者のラボアジェもこの時代の人物です。

では、三枝先生はどうか。先生は昭和五二年（一九七七年）に私たちと出会っており、それから後の時代は、私たちも一緒に歩んできたので、よく知っています。むしろ、私たちと出会う以前、先生はどんな時代を生きてきたのか、確認しておきましょう。

先生は、昭和二四年（一九四九年）のお生まれです。つまり、昭和三六年（一九六一年）生まれの私たちの多くとはちょうど干支のひと回り、一二歳違います。昭和二四年は敗戦からまだ四年しか経っていません。さぞや厳しい時代、貧しい時代であったに違いありません。その後に、東京オリンピック（一九六四年）や大阪万博（一九七〇年）に象徴される高度成長期がやってくるわけですが、穏やかな時代であったかというと、決してそんなことはありません。

たとえば、国内では、アメリカのビキニ環礁での水爆実験により第五福竜丸が被曝したり（一九五四年）、伊勢湾台風が大きな被害をもたらしたり（一九五九年）、一九六〇年にはいわゆる「安保闘争」が起きます。そのほか、四日市ぜんそく、水俣病、イタイイタイ病などの公害病が一九六〇年代後半につぎつぎと顕在化したり、学園紛争の嵐が吹き荒れて東大の安田講堂に機動隊が突入したり（一九六九年）、三島由紀夫が割腹自殺したり（一九七〇年）、浅間山荘事件が起きたり（一九七二年）、ロッキード事件で田中角栄首相が逮捕されたり（一九七六年）という事件が続きます。ちなみに、先生の母校である東京教育大学は、先生と同じ一九四九年に生まれ、一九七八年に完全に閉学しています。このことにはまたあとで触れます。

同じ時期、国外も激動の時代だといっていいでしょう。先生の生まれたのと同じ一九四九年に中華人民共和国が誕生し、その翌年には朝鮮戦争が勃発します。キューバ危機（一九六二年）、ケネディ大統領暗殺（一九六三年）と続き、米軍機が北ベトナムを爆撃するいわゆる「北爆」が一九六五年に始まります。一九六七年には第三次中東戦争が始まり、一九七二年にウォーターゲート事件、一九七三年に金大中事件が相次いで起こり、先生が私たちと出会う一年前の一九七六年には、毛沢東・周恩来という中華人民共和国の大立者が相次いで死去、ひとつの時代が終ります。

そのほかの国内外の明るい事件としては、湯川秀樹博士がノーベル賞を受賞したのが、先生の生まれた一九四九年、日本の国連加盟が一九五六年、アポロ一一号が月面に着陸したのが一九六九年、沖縄の日本への復帰と日中国交正常化がともに一九七二年の出来事です。

こうしてみると、弥十郎の生きた時代と、三枝先生が私たちと出会うまでに生きてきた時代には、かなり共通性があるように思います。

まず、大づかみにいうと、弥十郎は世界史的な近代の幕開けの時代に生きた人で、『菁莪の人』にみる生き方も、近代人らしい自己決定をしています。広い意味で、弥十郎も三枝先生や我々と同じ「近代人」なのです。

もう少し緻密にみると、弥十郎と先生はともに、政治的激動の時代に生きています。そして、その時代の若者は一種の思想的対決を強いられたはずです。政治が学問に影響を及ぼし、学問も政治と良きにつけ悪しきにつけ関わった時代です。さまざまな天災による困窮（弥十郎の時代）と、大戦によって焦土と化した国土の困窮ぶり（三枝先生の幼少期）も共通しています。その中で、どちらの時代も西洋との接触が若者の目を開き、その心を捉えた、ということも指摘しておきたいことです。

3　著者の「分身」を探す

弥十郎と三枝先生は、同じような時代に生きて、きわめてよく似た人生行路をたどったのですから、弥十郎が著者の分身であることは明らかです。私が指摘するまでもないことなので、むしろ、今日は、それ以外の登場人物について語りましょう。

私は、津軽出羽守殿家中浪人として『菁莪の人』になんども登場する工藤猶八に注目しています。この人物は、才気はあるが孤独で、独善的、排他的、破壊的で、結局は孤立し、滅亡してゆきます。これらの形容は、すべて、本の中で用いられている言葉を使っています。

なぜひとも指摘したいのは、弥十郎は最後まで、この工藤を見捨てないこと、むしろ友人として温かい目で、最後まで工藤のことを案じている、という事実です。なぜでしょうか。それは、おそらく、工藤が、弥十郎の「影」だからです。心理学者の河合隼雄さんに『影の現象学』という有名な本がありますが、そこでいう「影」です。別の言い方をすると、工藤はじつは弥十郎自身だといってもいい。

このことはとりもなおさず、工藤は三枝先生御自身の中にいる「もう一人の三枝康治」であることを示すのではないか。先生は、大学紛争の真っただ中に学生生活を送った方なので、あの騒然とした政治的灼熱の中で、工藤のように、純粋で性急であるがゆえに破滅していった仲間をたくさん見たはずなのです。そして先生自身もつねに、自らの内なる工藤猶八と対話し、対決しつつ、工藤とは違う生き方を自覚的に選んだのではないか。

このことは、孔門十哲の一人、顔回を評して弥十郎が言うセリフと響き合います。三枝先生は弥十郎にこう言わせています。

顔回は若く、真実を求めるのに急すぎたのかも知れません。進むのにせっかちで、結論を急ぎすぎたのでしょうか。私はこの顔回の生き方を転じて、時には留まり廻り道のできる者になりたいと

思っています。（一四七頁）

顔回は工藤です。そして、弥十郎は、工藤のような生き方をしないと決意しているのです。純粋すぎる若い正義感に衝き動かされて性急に結論を出すのではなく、立ち止まり、回り道をして、生きて行こうとするのです。

ここでひとつ、先生のエピソードを紹介します。二、三年前に、私はNHK-BSの朝のニュース解説の番組にゲストとして出て、「大型類人猿に人権を認めろ」という北米・南米で起きている法廷闘争について、解説しました。あらかじめ、三枝先生にもお知らせしておいたところ、生放送を見て下さいました。「チンパンジーやオランウータンの人権」というのは、とんでもなくラディカルな思想です。しかし、それに向けて、人生をかけて戦っている人が世の中にはたくさんいます。私は、その思想の、理論的な「手ごわさ」を感じており、その手の本の翻訳までしていますが、政治的には成功していない思想だし、今すぐ実現するのは無理がありすぎるという立場です。

三枝先生が、私の穏健な（あるいは日和見主義的な）解説を聴いたあと、私にメールをくださいました。そこにはこう書かれていました。

「一番感じたのは、やはりその人間が生まれ、生き考えてきた歴史というか経歴（それが現在の人柄の良さに繫がるのでしょうが）の大切さ。極めて人間として常識的な（良い意味で）価値判断が下せる者に人は安心感と、信頼を寄せます、そして耳を傾けます。新たな価値の創造も、それなくば人はついてこないでしょう。」

『菁莪の人』の弥十郎の選択を読んで、私はすぐに先生のこのコメントを思い出し、古いメールを探し出して、読み直してみたのです。

社会を変革し、社会に貢献するためには、まずは極めて人間として常識的な価値判断ができなければいけない、と先生はおっしゃいます。弥十郎も、そして先生御自身も、教育という、地味で常識的な回り道を選んだのです。それが迂遠なようでいて、いちばんの近道なのだ、と考えたからではないでしょうか。

弥十郎と工藤猶八については、このくらいにしましょう。別の登場人物の中では、聖堂学問所学識の雲室と、湯山文衛門についてだけ、今日は語りましょう。

雲室は、重要な人物です。弥十郎を温かく、豊かな学識をもって導きます。おそらく雲室の中にも、三枝先生がいるのです。先生が理想とする教師像が、雲室という人物として描かれている。

「菁莪育才」という、小説のタイトルにもなった弥十郎の座右の銘も、雲室によって教えられます。御存知の方もいるでしょうが、「菁莪育才」は、都留文科大学の学訓です。初代学長であった諸橋轍次が選んだ言葉だそうです。諸橋大漢和辞典で著名な、あの諸橋轍次が都留文科大学の最初の学長だったのです。諸橋は、旧制東京文理科大学の名誉教授でもありました。東京文理科大学こそ、三枝先生の生まれた一九四九年に、新制東京教育大学として生まれ変わる大学、先生の母校なのです。

お気付きになったかもしれませんが都留文科大学は、その成り立ちからして、当初はほとんど東京教育大学の分校のようなものだったのではないか。同大学の人脈に連なる人達が作った学校であることは明らかで、当初赴任した若い教員の中にも同大学出身者がたくさんいたことは、私ども大学関係者には、ある程度知られた事実です。都留文科大学は、三枝先生にとって、ふるさとにあって母校とつながる「特別な大学」なのではないか。

ついでにいうと、『菁莪の人』には、雲室が、弥十郎を「御茶ノ水」周辺を案内して、「茗渓」の由来について語る場面があります。

この人工の渓谷を文人たちは、お茶の雅号「茗」から「茗渓」と呼ぶ。弥十郎よ聖堂で学問を志す者なら、これくらいのことは覚えておくがよい。(四五頁)

というのです。御茶ノ水界隈の風景や地名を描写するとき、先生の筆はよく走ります。そして、東京教育大学の同窓会は「茗渓会」というのです。みなさん御存知でしょうか。

『菁莪の人』には、今はなくなってしまった東京教育大学を愛惜する母校愛が、伏流水として流れている、と私は感じています。

実際、高校時代、先生の母校愛の強さを垣間見た一瞬がありました。東京教育大学は、ちょうど、私たちが三枝先生に担任していただいた一九七八年に完全に閉学し、数年早くスタートしていた筑波大学へと完全に移行します。そのとき、先生は、私の前で、「母校がなくなるっていうのは、どういう気持ちか、わかるか」とおっしゃったのです。私一人にだけおっしゃったわけではなかったとおもいますが、その言葉はずしんと来ました。

また、先生は、私たちの前で、大学生のときに書いたという小説を読み上げてくれたことがありました。残念ながら、その小説の題名も筋書もいまではすっかり忘れてしまいましたが、「東京教育大学」という文字が印刷された四〇〇字詰の原稿用紙に書かれていたことは、よく覚えています。

大学生のときから小説を書きたいとお考えになっていた先生の小説が、ついに活字になって出版されたわけで、まことに喜ばしいことです。

もう一人だけ、重要な登場人物を挙げましょう。湯山文衛門です。湯山は、物語の最後に、ちょっとだけ出てくる人です。しかし、この人物が、弥十郎の同志として、その後の人生に重要な影響を及ぼすことが書かれています。

私は、今日の話の後半で実存主義について少しお話しするつもりです。それを先取りしてしまいますが、実存的人間というものは、不安と孤独の中で生きています。それゆえ、サルトルらの唱えた実存主義は、カトリックの立場からも、コミュニズムの立場からも、批判されました。「人類の連帯関係をおろそかにして、人間を孤立したものと考えている」という非難を受けたのです。

どうやら湯山文衛門は、実存的に生きる弥十郎の連帯者となる人らしく、実存的人間は決して孤独ではない、ということを示す、重要な役割を負わされているのではないか、と考えました。

4　宇多について

さて、みなさん、お待たせしました。いよいよ宇多です。宇多について語りましょう。この小説でもっとも気になる人物、もっとも情熱をこめて著者が描写している登場人物、それが宇多であることは、みなさんお気付きのとおりです。作中で弥十郎が小田野直武描く「不忍池図」の芍薬になぞらえている女性です。

弥十郎と宇多の出会いと接近の描写が、『菁莪の人』のなかの白眉であることにも、みなさん異論はないはずです。最初はぎこちなかった会話が、笹舟のように淀み、そして急に流れ出す場面は、理屈と蘊蓄がややまさりがちなこの小説の中で、もっとも情感にあふれた、美しい場面です。

私の読みの結論から言いましょう。宇多は、いまここにいらっしゃる先生の奥様です。それ以外ありえません。『菁莪の人』は、じつに手の込んだ、先生から奥様へのラブレターです。そう断言できます。

ただ、私も、最初、誤読をしたことを白状しておきます。一回目に読んだときは、著者のなんらかの青春時代の体験か、あるいは、失礼ながらそういう素敵な経験を不幸にしてもたない青春時代を送った著者の作り上げた仮想の人物像かと思っていました。しかし、再読して気づいたのです。

弥十郎が、宇多が「商家の出」であることを知って、とたんに親しみを覚える場面があります。先生の御実家はお米屋さん、奥様の御実家はお菓子屋さんだったではありませんか。

先生も奥様も教員になられた。教員というのは、いわば「建前の倫理」で生きなければならない、江戸時代でいえば「武家」です。武家の娘とおもっていた宇多が、商家の出であることを知り、弥十郎は親近感を覚える。このことは、教員であった奥様が、じつは商家に育ったことに、同じく商家の息子であった先生が親しみを覚えた、という実体験が背後にあるのではないでしょうか。

なぜ、では、二人は小説中で結ばれないのか、どうして弥十郎と宇多はあんなに切ない別れ方をしなければならないのか、と皆さんはおっしゃるでしょう。

それは『菁莪の人』が史伝小説だからです。史伝であるかぎり、事実を曲げるわけにはいかなかった。史実として判明していることに、想像の肉付けを付け加えることはできても、事実として起きたとわかっていることは、変えるわけにはいかない。

物語の終わりのほうで、弥十郎は「つさ」という妻をめとります。しかし、不穏な伏線が張られています。物語が途中で終ってしまうのでハッキリしませんが、「つさ」はすぐに肺病にかかってしまうのだろうと推測されます。史実として判明していることとして、弥十郎の妻の「つさ」は短命だったのではないでしょうか。私はそれを調べていないので、本当はどうだったかは知りません。でも、先生は、当然それを調べて知っていらして、永遠の女性、運命の女性である奥様の姿を、そのような薄倖の「つさ」に重ねるわけにはいかなかったのだと推測しています。

そこで、宇多という架空の人物を登場させて、切ない永遠性の中に、御自身の思いを純化して閉じ込めて、奥様に献じてみせたのではないか。そう私は思うのです。

このことは、これ以上詮索するべきことではありません。奥様お一人だけに、そのことが通じればいいのです。先生御夫妻の三人のお嬢さんたちすら知らない、お二人だけの物語が絶対にあるはずなのです。『菁莪の人』には、奥様にだけわかる「暗号」が、きっと隠されているにちがいないと、私は思うのです。

たった一つの問題にして最大の問題は、果たして奥様がこの蘊蓄小説を読んでくださるかどうか、ということでしょう。

5　実存的希望のメッセージ

私たちはじつに四〇年前に、先生と出会っています。よく考えると、先生はそのときまだ二七歳でした。私たちはいま五六歳なので、その半分しか生きていない。その意味では現在の私たちからみて、当時の先生は「青二才」だったといってもいい。少なくとも青年教師というべき若さです。

その青年教師・三枝康治が、高校二年生になった私たちに、「倫理・社会」という科目の最初に、松波信三郎『実存主義』（岩波新書）という本を読ませたことをみなさんは覚えているでしょうか。今日、実物を持ってきました。この本です。

この機会に、私は四〇年ぶりに、この本を再読してみました。読者に手加減しない、難しい本でした。フランス語の引用もたくさんあります。この本を初めて手にとったとき一六歳の少年だった私は、四〇年の時を経て、フランス語が読めるようになっています。そのおかげで、あちこちにちりばめられたフランス語の引用を、一つ一つ、味わうことができました。高校生のときには、理解しようがなかった美しい語感が、今度はよくわかりました。

おそらくはこの本のいちばん大事な記述の一つで、つまるところ実存主義とは何か、ということがよくわかる部分を読み上げましょう。ここです。

人間がみずから自己を作るということは、いいかえれば、人間は将来へ向かって自己を投げかける者であり、将来のうちに自己を投げかけることを意識している者であるということである。サルトルによれば、人間の実存は一つの企てである。企てるprojeterとは、その語義が示すように、前に投げかけることである。人間は、自分が現にあるところのものであらぬように、いいかえれば、自分はいまだあらぬものであるように、かなたに向かってつねに自己を投げかける存在である。人間は、たんにあるところのものであるような事物存在とは異なって、つねに自己のそとへ、いまだあらぬかなたへ向かって、現にある自己から脱出していく存在である。企ては、自己からのこのような脱出のうちにのみある。(二九―三〇頁)

「何かをする、そして、そうすることによって自己をつくる」(Faire et en faisant se faire.)。「人間は自らつくり上げるところのもの以外の何ものでもない」(L'homme n'est rien d'autre que ce qu'il se fait.)。「現在そうであるものではないものであり、現在そうでないものであるものである存在」

(L'être qui n'est pas ce qu'il est et qui est ce qu'il n'est pas.)。「人間は人間の未来である」(L'homme est l'avenir de l'homme.)。「私の未来はまっさらだ。私はなんでもできる」(Mon avenir est vierge, tout m'est permis.)。

これらはいずれも松波さんの本に出てくるフレーズで、実存主義とは何かを端的に表現した、美しく、味わい深い、引用句です。翻訳については松波さんの訳を一部私が訳し直したものもあります。

どうして、三枝教諭は、学習指導要領を踏み越えてまで、このような本を私たちに読ませようとしたのでしょうか。

たぶん実存主義こそが、当時先生がいちばん納得していた哲学だからではないかと思います。サルトルのとなえた実存的人間像が、先生御自身の、いちばん共感できる人間像だったのでしょう。そして、さらにいえば、「倫理・社会」という一見かび臭い内容の科目が、私たち若者の生き方に直接つながる大問題を扱っているのだということを、私たちに実感させたかったのではないでしょうか。

実存主義的な人間像は、『菁莪の人』にもやはり見出すことができます。弥十郎は、先に述べたように「近代人」なのです。近代人の孤独を、実存的決断により、希望に変えている人なのです。

実存的人間は、自由ですが、孤独で、不安です。自分でもがきながら、行動することを通じて、自分をつねに作り変えていかなければならない。それは自分だけが頼りの仕事で誰も代ってくれないし、代ることができません。人間は「自由という刑に処されている」わけです。

こう考えると、実存主義は容易にペシミズムと絶望に結びついてしまいそうです。

しかし、若き哲学徒時代の先生に大きな影響を与えたとおもわれるサルトルは、「人間の運命は人間自身の中にある以上、これほど楽観的な主義はない」と断言しています。『菁莪の人』の終わり方を、読み上げます。


目の前の濃い霧が晴れた。谷村の町と富士がはっきりと見えた。優しい家族が傍らにいた。これ以上、何の望みもない。失うものもない。望みと失ったものは、これから創れば良い。

『さあ、これからが出発だ』

弥十郎の肩を、爽やかな夏の風が吹き抜けていった。（三三二頁）

どうですか、みなさん、この希望に満ちた終わり方！

満ち足りた思いをもった弥十郎は、いったんは「何の望みもない」とまでいうのです。しかし、それでもなお、そこにとどまらず、さらに出発しようとするのです。「失ったもの」のみならず、「望み」もこれから「創れば」良い、というのです。どんなに満足できる情況にあっても、いまある自分から抜け出し、別の自分になろうとして、自分自身をつねに前に投げ出し、新しい情況の中に自らを投企しようとするのです。

これぞまさに、実存的な人間の姿にほかなりません。

教師は生徒に希望を与えなければなりません。二八歳の青年教師が教室で、そして、六八歳の著者が小説を通じて、私たちにずっと伝え続けているメッセージは、そのような「実存的希望」なのだと思います。

私が、今日の話のタイトルを「実存的希望のメッセージ」と題した理由は、そういうことなのです。

三枝先生、このたびは御出版、まことにおめでとうございます。そして皆さん、御清聴、ありがとうございました。

三　御逝去と弔辞

三枝康治先生は、この祝賀会から三か月後の二〇一八年二月に永眠なさった。先生の御逝去とともに富士北麓に雪が降り、故郷は一面の銀世界となった。

御逝去の知らせを受け私は急いで帰郷した。通夜に参列したのち、同窓生たちとともに富士急行線富士山駅の駅ビル内レストランに場所を移し、高校時代の思い出話を続けた。午後九時をだいぶ回ってそろそろ散会しようかという頃合いに、先生のお嬢様から私に電話がかかってきた。明日の告別式にもおいでならば弔辞をお願いできないでしょうか、という御依頼であった。

私は即座にお引き受けし、一緒にいた仲間たちに事情を話した。本来の弔辞は奉書に書くのが正式だろう。しかし文具店はすべて閉まっている。翌日の開店まで待つ余裕もない。奉書は無理である。せめてパソコンで書いたものをプリントアウトしたかった。パソコンとモバイル Wi-Fi は帰郷の荷物に入れていた。しかし、その夜私が宿泊する実家にはプリンタがない。薬局店主の壁谷公彦君がすぐに援助を申し出てくれた。その日の夜のうちに同君に電子ファイルを送りさえすれば、明日の朝いちばんにプリントアウトして私に渡してくれるという。私は急いで実家に戻り弔辞を書き始めた。完成したファイルをメール添付で壁谷君に送ることができたのは午前二時のことであった。

翌朝、告別式に向かう私は真っ先に壁谷薬局に向かった。壁谷君は、約束どおり私の弔辞をプリントアウトして待っていてくれた。そのおかげで、無事に弔辞を捧げることができた。それは次のようなものであった。

謹んで、三枝康治先生に申し上げます。

私は富士河口湖高校の一期生として先生に三年間教えを受け、高校二年生のときには、担任もしていただきました。ありがとうございました。先生と過ごした時間は、楽しいものでした。だからなるべく楽しい思い出話をいたしましょう。

先生と出会ったのは、一九七七年の四月ですから、もう四一年前のことになりました。いつのまにか、長い年月が経ってしまいました。でも、ついこの間のような気もします。

先生は、当時、まだ二七歳の青年教師でしたが、私たちは、最初、先生がお若いとは思えませんでした。むしろかなりの御年輩だと感じていました。一五歳の私たちにとって、先生は、そのくらい老成して見えました。先生の授業が、「汲めども尽きぬ蘊蓄の泉」とでもいうべきものであったことも、その理由のひとつかもしれません。

でもだんだんと、先生があんがい若く、独身で、親しみやすい方だということがわかってきました。いつのまにか、「サエグサ先生」という呼び名が、仲間内では「サンシさん」というあだ名に変わり、ひそかに「サンちゃん」という失礼な呼び方までいたしました。いまさらですが、このことを白状し、四〇年前の無礼を深くおわび申しあげます。

先生の鼈甲色の眼鏡のフレームが、ある日突然銀縁に変わったことがありました。私たちはそれが可笑しくて大爆笑。先生は顔を赤らめていらした。これも失礼なことでした。先生と一緒に、放課後、食べ放題の焼肉屋に行って、あまりにもたくさん食べるもので、先生ともども店を追い出されたこともありましたね。焼肉屋のおばさんに、「パチンコだって打ち止めっていうのがあるのよ」と言われました。

先生がたくさんの蔵書を、私たちに分けてくださったこともありました。みんな、そのときどんな本をもらったか、今でも、ちゃんと覚えています。井上ひさしや、松本清張のおもしろい本をいただいた者もいました。でも、東大の先生が書いた、どちらかというとエキサイティングではない本をいただいた者もいました。それは私です。『マヤ文明』という本でした。

先生が奥様と婚約なさったとき、私たちはすでに大学生になっていましたが、お二人の婚約祝賀会をやらせていただきました。クラスメートの家である食堂の二階を借りて、先生と奥様に腕を組んで階段を上ってきていただき、結婚行進曲を鳴らし、紙吹雪を降らせて祝福しました。先生は、

「こんなに美しい人と結婚できて幸せです」と挨拶をなさいました。

私たちが敬愛していたのは、先生のお人柄だけではありません。私たちはなによりも、先生の「知性」を尊敬していました。先生がたいへんな勉強家であり、広い知識と緻密な思考力をおもちの、きわめて優れた教師だということは、高校生にもちゃんとわかっていたのです。

大学時代哲学を専攻した先生は、倫理・社会という科目の講義が始まったとき、とくに張り切っていらした。教科書を使わずに、いきなり、岩波新書の『実存主義』という難しい本を私たちに読ませましたね。高校生にはとても歯が立ちませんでした。でも、私は、それ以来、実存主義という思想がずっと気になっており、つい最近も、何冊かの本を読みました。先生によって蒔かれた種は、三〇年、四〇年経っても、いまなお私の中で育ち続けております。

若き日の三枝康治教諭（1980年山梨県立富士河口湖高校卒業アルバムより）

重い病と闘いながら、先生が、昨年、『菁莪の人』という史伝小説をみごとに書き上げ、出版なさったことは、先生の精神力の強さを物語っています。でも、それは、なによりも、先生の卓越した知性があったからこそ、なしうるわざだったとおもいます。
『菁莪の人』には、たくさんのメッセージが書きこまれていました。奥様への愛情、御家族への感謝、生まれ故郷で教育に生涯をささげた御自身の人生への満ち足りた思い、そして、若い世代への励まし。いや、この御本だけではありません。先生は、教育者としての長い生活を通じて、膨大なメッセージを、この故郷の、この私たちに、残されました。三人のお嬢様たちだけが、先生を継ぐのではありません。先生の教えを受けた者たちは、みな、多かれ少なかれ、先生の分身です。

三枝先生。雪が降りましたね。この雪はきっと、富士からの贈り物です。富士北麓の教育に生涯を捧げてくださった先生に対して、富士がその労をねぎらい、先生の御霊に、ふんわりと、そっと、あたたかな羽根布団を掛けてくれたのだと思います。

どうぞ、やすらかに、お休みください。

弔辞の依頼電話をいただいた時、級友たちと先生の思い出を語り合い続けていたおかげで、みなで思い出し合っていたエピソードたちも入れることができた。つまりこの弔辞は彼らとともに先生に捧げたものである。私は代表して筆をとり読み上げたにすぎない。

四　枕元の写真

告別式の後、先生の奥様から、先生は最後の御病床で高校生時代の私たちの写真を枕元に置いて眺めていらしたという事実を知らされた。一七歳だった私たちが「三枝先生の城」でもあった社会科教室で屈託なく大笑いしている写真である。そこには早逝したクラスメートも写っている。

人生の最後の時を迎えながら、先生は心の中でその写真のうちの誰に語りかけていらしたのだろう。この世に残して行く教え子であろうか。それとも冥界で先生を待っている教え子であろうか。

第二部　学生と過ごす

退学を勧めたゼミ生の話

一　サトウユキとの出会い

私は一九九一年に大学教師になりました。最初に勤めたのは関東学院大学法学部です。その年に開学したばかりの新設学部で、当時はキャンパスが小田原にありました。その教師生活最初の年にある学生と出会いました。サトウユキという名前でしたから、「サトウ」と呼びましょう。当時私は二九歳で教授会の中でもっとも若い専任講師、サトウは一年浪人して入学してきた一九歳でした。呼び捨てにする理由はこれから述べます。「さん付け」で語りたくないタイプの学生だったのです。

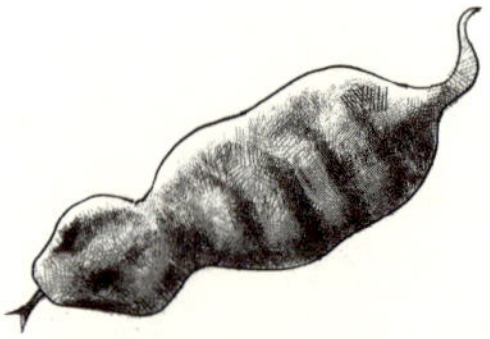

二　ぬか喜び

同学部のカリキュラムは必修のゼミナール（以下ゼミと略称）を教育の柱としていて一年生から全員がどこかの「基礎ゼミ」に所属することになっておりました。大学教師になった途端私は第一期生を相手にゼミをすることになりました。サトウは大学教師生活の最初に出会った最初のゼミ生の一人でした。

法学部一年生に法と社会のダイナミズムを活き活きと伝えたいと考えた私は、ショワジール会編（辻由美訳）『妊娠中絶裁判——マリ・クレール事件の記録』（みすず書房）という本をテキストに選びました。フランスで実際に行われた裁判の記録で、検察官や被告人や弁護人や裁判官や証人の法廷での発言を逐一記録した、息詰まるような実録です。

私は、ゼミ生たちにそれぞれの登場人物を割り当て、あたかも朗読劇のように教室でやりとりをさせてみました。最初の日に何人かの学生にやらせてみたら、その中にサトウがいました。驚きました。おそろしく朗読が上手いのです。また、同じ日に、ゼミ生全員に小さな文章を書かせてみました。一人だけ抜群に良い文章を書いた学生がいました。それもサトウでした。

最初の授業に良い学生が混じっていることが嬉しく、研究室に戻ると、隣室の若い同僚に今日こんなに優秀なゼミ生と出会ったと報告せずにはいられませんでした。新しい学部には私同様に初めて大学の専任教員となった若い同僚が複数おり、みんなとても張り切っていたのでした。

翌週、私は楽しみに教室に向かいました。しかしサトウはいませんでした。携帯もメールもない時代ですから、事前に欠席の連絡をするとしたら、直接研究室に電話をかけてくるしかない時代です。しかも出会ったばかりのゼミ生には電話番号の共有すら行われていません。そんな状況なら無断欠席はしかたないといえば、しかたないことでした。きっと、何かあったんだろう、体調でも悪いのかな、と少し心配してやりました。

さらにその次の週。やっぱりサトウはゼミ教室にいませんでした。そしてまた次の週。それでもサトウはいませんでした。

ようやく私は理解しました。サトウは確信的に休んでいるということを。要するにサボっているのだ、ということに気づいた。心配までしてやった私が愚かでした。

どうしたものか、と思いました。逸材であることには気づいてしまっている。しかし、ゼミに来ない。そんな学生をどう扱うか。その後も、サトウは思い出したようにゼミに来ましたが、半分かそれ以上は欠席していました。

三　芝居のチケット

私のゼミの時間は火曜日の午後に置かれていました。ある火曜日の午前中のことです。突然、サトウが研究室にアポなしで現れました。

「わたし演劇をやっているんです。こんど芝居をやるんで、先生、よければ来てくださらないかな、って思って……」

と、学園祭の出し物チケットのような安っぽいチケットを持ってきました。

私は、とんでもないサボり学生のサトウが、まったく悪びれずニコニコしてやって来たので虚を突かれました。ふだんの盛大なサボりっぷりを怒る気力も失せ、チケットとチラシを受け取ってやりました。そして研究室の椅子に座らせて初めてゆっくり話を聴きました。

そこでわかったのは、サトウは町田の実家から通ってくる学生で、H高校を卒業していました。当時の同校はおそらく都立高校ではトップクラスの難関校（少なくともその一つ）でした。どうりで頭は良いわけです。

後年になって本人に聞いたところでは、H高校に入った当初、ある先生から「あなたは東大をめざせるかもしれない」と言われたこともあったそうです。ただ、それもつかの間。高校では演劇部の活動にのめり込みすぎて成績は急降下。卒業時の大学受験にも失敗した。浪人をしたけれどもその間も演劇活動に恋焦がれてろくに勉強せず、第一志望の大学にはまったく相手にされず、それ以外にも受けた大学までことごとく不合格。新設学部で最後の最後まで試験をやっていた私の勤務先に第三次募集試験でやっと拾われていました。

現在も高校時代の演劇部の仲間が作った劇団で活動しています、とチケットを届けに来たサトウは言いました。たまたま私には役者の友人がいます。芸名を広田豹といいます。一橋大学の同期生でクラスもサークルも一緒でした。広田も学生時代の演劇熱が高じてついにはプロになった。そんなわけで、演劇にのめりこむ若者というのは私にとって身近な存在でした。しかも当時は時間もたっぷりあったので、サトウの劇団の芝居のチケットを受け取り、観に行く約束をしてやりました。

それが、ある火曜日の午前中です。繰り返しますが火曜の午後がゼミです。ゼミの日の午前中にサトウは小田原キャンパスに来て私にチケットを届けたのです。同日午後になりゼミの時間になりました。教室に行ってみたら……。サトウはいませんでした。

それでも、私は、招待された芝居は、ちゃんと見に行ってやりました。学園祭に毛が生えた程度の舞台の上でサトウは楽しげに躍動していました。サボりゼミ生ではありますが、大学の外で充実した時間を過ごしているのなら、「ま、いいか」と思ったのでした。

そうこうするうちにゼミの成績をつける時がやってきました。私は悩みました。サトウは半分も出席していません。病気など特別考慮してやるべき理由もありません。本人はいたって元気で、舞台の上で飛んだり跳ねたり歌ったり踊ったりしているのですから。現在の私なら、迷わず落としますが、大学教師になりたての一年生教師は学生を落とすのにも勇気がいるのでした。しかも圧倒的に優秀な素質をもっていることに気づいてしまっています。悩んだ末に単位をやりました。この判断については、あとで後悔しました。断然落とすべきでした。

その後、三〇年以上にわたり交流が続くことになる彼女に私が与えた唯一の単位が、一年目のこの単位です。

四　ツチノコ

さてサトウは二年生になりました。二年生にはゼミはありません。その代わり私の担当する大教室講義が始まりました。当時私は「刑法総論」という講義を担当していました。履修者名簿をみるとサトウがいる。しかし、案の定、教室にその姿はまったくありませんでした。

私はサトウに「ツチノコ」というあだ名をつけました。キャンパス内で目撃情報が極端に少なく、本当にいるのかということすらわからない。しかし、サトウの情報がまったく入らなくなったわけではないのです。なぜかというと、私の担当する「英書講読」という授業がありました。ごく少人数の真面目な学生だけが履修する授業です。そこに出ていた学生から、サトウの情報が折々にもたらされたのです。その真面目な学生は、英書講読だけでなく、私の刑法総論の授業もほぼ最前列で毎回熱心に聴いてくれるのです。人柄も良い学生でした。

その優等生はアベさんといいました。アベさんはサトウと違って模範学生なのになぜかサトウと親しかった。偶然にもアベさんもまたサトウと同じように町田から小田原に通っており、通学経路が一緒だったため入学直後から友達になっていたのだそうです。別の高校の出身の二人は大学で初めて出会っていましたが年齢は一緒でした。

サトウが私に対して働いている不義理を知っているアベさんは、ユキちゃんには青木先生の授業にはちゃんと出ようよと働きかけている、と言っていました。

刑法総論は大人数授業だったので出席を取るわけではなく、出席していなくても試験を受けて合格点を取ればそれで単位を与えるつもりでした。頭の良いサトウがちょっと勉強して試験を受ければたぶん間違いなく単位を取れたことでしょう。

試験の日が近づいてきました。私はアベさんにサトウはちゃんと試験を受けに来るだろうかと聞きました。アベさんは、私がユキちゃんを連れて試験を受けさせますと答えました。

さて、試験の日。私は教室を見渡しました。サトウはやはりいませんでした。試験終了後アベさんが（その必要はないのに）申し訳なさそうにやってきました。前日にサトウに電話をかけて、一緒に青木先生の授業の試験を受けようね、と約束して、町田の駅でその日の朝、待ち合わせていたというのです。律義に待ち続けていたけれど、とうとうサトウはあらわれず約束をすっぽかされたので、しかたなく電車に飛び乗って試験を受けに来ました、というのです。

もちろん試験を受けていないサトウには「不可」を付けました。心優しい友まで裏切って本当にひどいやつだと思いました。

ただし、二年生のときも、芝居の招待チケットだけは自分で研究室に持ってきていました。

その時は友人の役者、広田豹を誘って観に行きました。

広田は当時の小劇場ブームの中、「花組芝居」という勢いのある劇団で活躍していました。その劇団は加納幸和という才能あるリーダーが、広田をはじめ、篠井英介、木原実らを率いていました。篠井英介は後年テレビでも活躍する役者として名を成し、気象予報士の資格をもつ木原実は後年役者としてよりむしろ「お天気の木原さん」としてお茶の間に親しまれます。サトウは、そんな広田のことをすでに知っており、憧れすら抱いていたようでもあり、広田に会えて驚きかつ感激していました。

ただし、歯に衣着せぬ物言いをする広田の、サトウたちの芝居についての評価はさんざんでした。ど素人だな、と一刀両断。私は、演劇の出来は広田の言う通りだと思いましたが、サトウの元気な姿をみて再び「ま、いいか」と思ったのでした。

またその翌年になりました。サトウは三年生になりました。三年生になると二年間連続の専門ゼミが始まります。四月の履修者名簿をみて私は溜息をつきました。登録した学生の中にサトウユキの名がまたあるのです。教員がゼミ生を選ぶという贅沢はできないシステムになっており、希望者が多く抽選があるとしても教務課がやるだけでした。ゼミ生の人数も二五人くらいいるのです。

サトウはもちろんゼミに来ませんでした。一年生のゼミには半分弱は来ましたが、三年生になって一切来なくなりました。いや、芝居のチケットを持ってきたのと、私と雑談したくて研究室に来たことが、たまにありましたが、基本はいつも大学にはいないのです。

もちろん、三年ゼミの単位も「不可」です。大学教師三年目に入った私はなんの躊躇もなく落としました。これが一九九四年三月のことです。

五　退学勧告

さて、そのころ、私には一橋大学から内々に話が来ていました。あと一年経って一九九五年の四月になったら助教授で戻って来ないかというのです。うれしい話でした。一橋に戻ることが内定した私の心残りのひとつはサトウのことでした。気にしてやる義理などこれっぽっちもないのですが、落とされても、落とされても、私のゼミや授業の履修登録をして、平然とサボっておきながらニコニコして芝居のチケットを持ってくるのが、なんだか憎めなかったのです。

そんなある日、四年生（正確には在学四年目というべきでしょう）になっていたサトウが、めずらしく大学に来ました。私は良い機会だと考え研究室に呼びました。

はじめて、私はそのとき本気で説教をしました。君が法学部にいる意味は何なのだ。法学に興味がないのだったら、どうしてだらだら在学しているのか。そもそも君に学士号は必要なのか。やりたいことが芝居しかないなら、その道になぜ本気で行かないのだ。そのようなことを述べた後、「サトウは退学すべきだと思う。退学しなさい」とまで伝えたのでした。

私の念頭には友人の広田が、大学卒業後二年くらいで早々に勤務先を退職し、徒手空拳で役者の道を歩み始めていたことが浮かんでいました。学歴や肩書を捨てて演技ひとつで食っていこうとする覚悟が広田にはあった。サトウにはその勇気がない。ただ甘えているだけではないか、と思ったのです。

三〇年以上に及んだ大学教師生活の中で自分のゼミ生に退学勧告をしたのは、この時が最初で最後です。

退学しなさいと言われたサトウがどんな気持だったかは、当時はわかりませんでした。その日のサトウの反応も記憶に残っていません。ただ、後年本人に聞いたところでは私の説教に「妙に納得した」ので、研究室を辞去したその足で退学届の用紙を教務課事務室に取りに行ったのだそうです。

そんなことを当時は知る由もなく、私にとっては、ゼミ生に向かって退学を勧めた自分のその思い切った行動そのものが忘れ難い出来事になったのです。

若かった私には先輩教員例えば学部長に相談するといった組織人としての自覚もなく、大学経営の立場からは学生は大切なお客様なのだという認識も不足していました。実際、あのときもし学部長（加藤良三先生という商法の教授でした）に相談したら、間違いなく止められたに違いないと、今になって思います。少なくとも私が学部長で、若い教員から相談を受けたとしたらゼミ生への退学勧告などを絶対にさせません。この文章を読んでくださっている若い教員の皆様も、どうか私の真似はしないでください。

新設法学部の開学四年目も、足早に過ぎました。私は一九九五年三月末日で四年間つとめた同学部を辞職し、四月から母校の一橋大学に助教授として戻ることになりました。

関東学院大学でやった最後の仕事は、同年一月に起きた阪神淡路大震災で被災した受験生のための震災特別入試の監督でした。小田原キャンパスにも関西方面からある程度の数の受験生が受けに来ました。私が、教室に集まった若者たちに「ではみなさん受験番号順に着席してください」と言っても一部の学生が困惑している。避難所暮らしで、そもそも受験票が手元に届いていなかったのです。

私は辞める直前に担当授業の最後の成績をつけて提出しましたが、もちろんゼミについてはサトウには恒例の「不可」をつけました。もはや落とし慣れていたので、何も逡巡することはありませんでした。

アベさんは、もちろん順調に卒業しました。真面目に単位をとって、かなりいい成績で卒業したにちがいありません。サトウは卒業なんてできません。そもそも必修の三・四年ゼミの単位を一単位たりともとっていないのですから。

六　日本大学芸術学部

五月頃だったでしょうか。一橋大学で新しい生活をはじめた私のもとに、分厚い封筒が届きました。差出人はサトウでした。便箋何枚もの長い手紙でした。手紙には、「青木先生に背中を押されて、関東学院大学法学部を退学しました」という報告とともに私への感謝の言葉が綴られていました。そして、それに加えて、ついてはもういちど受験勉強をして本当に自分のやりたいことを勉強するために日大芸術学部を目指しますと書いてありました。

それからまた一年が経ちました。嬉しい報告が届きました。日大芸術学部に合格しました、という報せでした。すでに働いていたアベさんもサトウの合格を知ってわがことのように喜んだ。サトウ同様アベさんも卒業後連絡が途絶えない数少ない学生の一人になっていました。

さて、日大芸術学部に入りなおしたツチノコはこのとき二四歳になっていました。二四歳にして大学一年生からやり直し。自業自得ではあります。でも、こんどはもはやツチノコではなくなっていました。時々届く近況報告の葉書には、「なんとこの私が毎日大学にきちんと通い楽しく勉強しています」とあり、充実した様子がうかがえました。

そうこうするうちに、また四年間が、アッと言う間に過ぎ去りました。サトウは二八歳。二四歳で入った日大芸術学部で映画学科に在籍しシナリオを勉強したのでした。いよいよ卒業となり今度はちゃんと単位も取れていました。

それだけではありません。「先生に挨拶をしたいです。差し上げたいものもあります」と言って、一橋大学の研究室まで私に会いに来てくれました。久しぶりの再会でした。

私の研究室に来たサトウは嬉しそうに一冊の雑誌をカバンから取り出して、私にプレゼントしてくれました。日大芸術学部映画学科が出している『映像研究』という雑誌でした。そこにはサトウが卒業制作で書いたシナリオが活字になって掲載されているのです。

サトウの卒業制作シナリオは「冬の猫。」という題名で、その年の日大芸術学部の「奨励賞」を受賞し、『映像研究』に掲載される栄誉を得たのでした。私は、最悪最低のゼミ生がずいぶん長い時間をかけて生み出した「小さな記念碑」が載ったこの雑誌を、今でも大切に保存しています。

「将来はシナリオライターになりたいです」とサトウ。とはいえ学部卒後すぐに、大学の奨励賞をとった程度では、シナリオの仕事なんてみつかりません。ただ、夢は大きい方が良い。「いつか向田邦子賞をとってほしい」と私は励ましました。そして、「もし、向田邦子賞をとる日が本当に来たら、祝賀会にぜったいに招待してほしい。私がお祝いのスピーチをするから」と伝えました。

このようにして、サトウの日大芸術学部生活は、本人にとっても私にとっても、嬉しい受賞とともに無事に終わりました。サトウはとりあえず働かなければならないので、当時勢いよく全国展開していた某英会話学校に就職することにしていました。

七　東京大学大学院

しかし、ここでまたサトウの人生に次の転機がすぐにやってきます。人生の偶然は味わい深いものです。

就職直前にたまたま目にした広告で、サトウは、東大に「情報学環・学際情報学府」という一風変わった名前の大学院研究科が新設され、アートだの演劇だのも研究対象にできる研究科になる、ということを知りました。その説明会に行ってみたサトウは、教授たちのキレのある言葉がぐさぐさと胸に刺さったそうです。

感激したサトウはダメでもともとでその東大の新しい大学院を受験した。そうしたらなんと結果は合格。サボり学生時代の印象があまりにも強かったので、東大大学院に合格したと知らせを受けたとき、私は最初耳をうたがいました。でも、本当だったのです。サトウは、晴れて東大の大学院生になりました。

その入試はどんな試験だったのか気になって、後年本人に聞いたところでは、東大大学院にできた新研究科の第一回論文試験は「情報とは何か」という論題だったそうです。サトウは、配られたヨコ書きの答案用紙をあえてタテに使って、ごく日常的な八百屋での店主と客のやりとりを想定し、日常の会話を描いた映画シナリオとしての「シナリオA」と、言語情報をすべて盛り込んだ同じ場面の会話を描く「シナリオB」を書き分けて、AB二つのシナリオの情報量を比較するという、アクロバット的我田引水答案を書いたのだそうです。

情報とは何かという抽象論を一切語ることなく、ヨコ書き答案用紙をタテに使って、八百屋のおやじと客の会話のシナリオを書いて見せるという自由な発想をした受験生を、東大の先生たちが合格させたくなる気持も、私にはよくわかる。優等生は決してやらない自由奔放ぶりが、新しい大学院のコンセプトにうまくハマったのでしょう。こいつちょっとおもしろそうだ、ってぜったいになる。そう考える審査員がいたに違いない。

そこからサトウの、これまた長い大学院生活が始まります。内定していた英会話学校には結局勤めませんでした。そしてここからまた一一年間も苦労の末、東大から博士の学位を授与されたのです。

その間に、私とサトウの関係は教師と教え子というより、古い友人同士に近い関係になっていました。なにしろ出会ってからもうずいぶん長い年月が経過していましたから。いやそれだけではありません。よく考えると「教え子」と自信をもって呼べるほど彼女に何かを教えたことはもともとなかったのです。そもそも教室にいなかったのですから。

私は、ときどき、そんなサトウをからかいました。「ちょっとおうかがいしますがサトウさんの御趣味は在学でしょうか？」とか「世紀の親不孝娘っ！」とか。気安さのあまり、ついひどいことを言ってしまったものだと反省するほどです。

八　サトウ教授の誕生

幸いにして長い努力は報われます。博士の学位を得たサトウはついに大学教員のポストを得たのです。その時すでに四〇歳。おくればせの職業生活のスタートです。一九歳だった最悪のゼミ生はかくしてその後二一年の歳月を費やして大学准教授になり、そして現在は教授になったのでした。

サトウはときどきバツ悪そうに言います。「大学に行かなかった私が、大学教授なんておかしいですよね」と。「でも、大学に来たくない学生の気持は誰よりも私はよくわかるんです」とも言っています。

数年前、一橋大学の私のゼミのゲストにサトウを招きました。二つの大学の二学部に合計八年、大学院に一一年、時を隔てた二回の浪人期間に予備校に都合二年在学していた「世紀の親不孝者」が、四〇歳にして大学教員になるまでの物語を話してもらいました。ずっと学校優等生、受験エリートであり続けていたにちがいないゼミ生たちに聴かせ、人生の選択の幅について、ほんの少しでも余裕のある考え方をする助けにしたいと思ったからです。

その日、私とサトウは一緒に写真も撮りました。屈託のない笑顔の写真です。何も知らない人がみたら、私たちが「退学勧告を受けたゼミ生」と「退学勧告をした教師」であることなど想像できないでしょう。

写真を受け取ったサトウから、こんなメッセージが届きました。

「まさかこんな風に青木先生と笑って写真に写る日がくるとは、あの頃思いもしませんでした。あの頃の私は、自分が向けた視線の先にあった人や出来事には敏感だったのに、自分に向けられた優しさには鈍感でした。おそらく、先生やアベさんを始め、私に向けてくれたみんなの気持ちや言葉に背を向けて、ただひたすら自分が素直に生きることにだけ必死だったのだと思います。……大学教員になって、改めてあの頃の、そして高校時代の先生方や同窓生らの想いや振る舞いを思い出すと、なんとセルフイッシュな私だったんだろうと思います。そんな私を見守り、受け止めてくれた人たちがいたことに感謝しつつ、いまの自分は学生さんたちをそっと見守る存在でありたいと思っています。」

サトウのこの言葉を、私は心からありがたく受け取りました。

九　教育の効果？

ところで、サトウとの長い付き合いを振り返ると、いろいろ考えさせられます。そのひとつをお話ししましょう。ここまで私はあたかも彼女を導いたかのような書きぶりをしてきました。たしかに人生の転機のきっかけ（のひとつ）を若い時代の彼女に与えたことは間違いありません。でもそれを「導いた」というのは不遜きわまりない考え方です。すでにさんざん述べたとおり、私は法学部在学中の彼女にはほとんど何も教えていない。また、退学後のサトウは日大や東大で多くの師に出会ったに違いありません。そして何よりも、結局、彼女は、時間をかけて自ら学び、己の道を自力で切り拓いたとしか言いようがないように思うからです。

教育という言葉は「教え育てる」と書きますから、教える側の視点でものごとを把握しています。これはどう考えても不完全かつ一面的な把握です。どちらかというと教育は、受ける側の言葉、学生の側から語られるべき教師と学生の相互作用です。学生に何も伝わらなければまったく意味がないからです。教育は、教える側からの一方通行ではありえず、しかもその効果が実を結ぶまで、熟成と発酵のために長い歳月を要することもあります。また、それぞれの「実の結び方」は多種多様で、共通のモノサシで測れるものでもありません。

法人化後の国立大学は、教育を含むあらゆる側面について六年毎に中期目標・中期計画と数値指標の設定を求められ、それが文部科学省により「認可」され、その達成度により評価され、順位を付けられています。「教える側が六年間に何をしたか」により教育の良し悪しを評価しようとするこのやり方は、個々の授業や具体的な学生を念頭におきつつ教育の短期間的評価を行う客観的で妥当な方法が見当たらないがゆえの苦肉の策だとはいえ、ごく控え目にいっても、近視眼的で一面的です。サトウの実例から、そんなことを考えさせられます。

一〇　驚きの後日談

ここでいったんサトウの話は一区切りです。

でも、この物語にはおまけの展開がありました。

ここからは「サトウ」と呼び捨てにするのをやめて、敬意を込めて「サトウさん」と呼びます。

ある日、私は同僚職員のコバヤシさんと一緒に、国分寺駅の西武多摩湖線のホームにいました。その日はS夫人という方の命日でした。私達二人は一橋大学に多額の遺贈をしてくれたその方の墓参に向かっていました。

S御夫妻は私の両親の長年の知己であり、私自身も大学に入って上京した一八歳のときから親切にしていただきました。御夫妻のお宅に頻繁に出入りしては、しばしば食事を御馳走になったりしていたのです。結婚した際には仲人もお願いしました。そんなわけで御夫妻は、勤務先大学の恩人であると同時に、私個人の恩人でもありました。

ホームで電車を待ちながら、私たちはSさん御夫妻の思い出話などをしていました。ふとコバヤシさんが「高校時代の電車通学を思い出します」と言いました。「毎日町田駅から横浜線に乗っていました」と。私はなんとなくピンと来て尋ねました。「もしかしてH高校のご卒業ではないですか？」と。「よくおわかりになりましたね」とコバヤシさん。

ただ、このときはサトウさんとコバヤシさんの間に接点がある可能性には、まったく思いが至りませんでした。二人の年齢を比べて考えてみたことがなかったからです。だからその日の会話はそれで終わりです。Sさん御夫妻の墓参も無事に終わり、私たちは午後そろって職場に戻りました。

その二、三日後のことです。私はふと、ところでサトウさんはいくつになっただろう、と数えてみました。私が二九歳のとき彼女は一九歳だったな、そうか一〇歳違うのかと。そうなるといま五〇歳くらいだなと計算してようやく気づいたのです。コバヤシさんもたしかそのくらいの年齢ではなかったかと。

さっそくコバヤシさんに、つかぬことをうかがいますが、H高校にサトウユキっていう名前の学生がいませんでしたかと聞きました。

コバヤシさんは次のように即答しました。「ユキちゃん、はい、知っています。演劇部ですよね。卒業以来一度も会っていませんが、高校時代に横浜線の通学仲間でした。H高校は町田から通う人はあまり多くなかったから町田市民の会って名乗っていてユキちゃんもそのメンバーでした。でも、どうして先生がユキちゃんのことを知っているんですか」

私は少なからず驚いて、サトウさんと私の関係を話しました。法学部生時代の圧倒的なサボりっぷりや、親切な友達のアベさんまで裏切ったことや、そのくせ紆余曲折を経ていまや大学教授になっているということや、あれこれを詳しく教えてあげました。

高校卒業以来一度もサトウさんと会っておらず、その後の消息も一切知らなかったコバヤシさんは、私の話を聴き終わって言いました。

「ユキちゃん偉いなあ、尊敬するなあ。だって自分の行きたい道を貫いたってことですよね。でも、もし、自分の娘だったら、きっと気が狂うだろうと思います」

私はサトウさんにすぐメールを出しました。サトウさんもコバヤシさんを覚えていました。私が「かすがい」になって高校時代をともに過ごした旧友が三十数年ぶりにつながったのですから、おもしろい御縁です。私たちはいつか三人で再会しましょうとメールで約束し合いました。

サトウさんとコバヤシさんの浅からぬ縁が判明してから、一週間くらい経ちました。仕事の打ち合わせで私の執務室にやって来たコバヤシさんが、こう言いました。「この間、先生はサトウユキちゃんのお友達のアベさんという方の話をなさっていましたよね。小学生のとき同じ小学校の友達で一緒に書道塾に通っていたアベさんという子がいるんですが、先生がこの間お話ししてくれたユキちゃんのお友達とその子が同姓同名なんです……」

まさか。いや、さすがにそんな不思議な偶然まではあり得ないだろうと、思いましたが、サトウさんとアベさんは同い年だし、アベさんもまた町田から大学に通っていたから、絶対にあり得ないとも言い切れない。

「じゃあ、すぐアベさんに聞いてみる。コバヤシさんの通っていた小学校はどこですか」と確認し、コバヤシさんがT小学校の卒業であることを聞き出しました。その上ですぐにアベさんにメール連絡しました。「同僚職員さんに小学校時代にアベさんと同姓同名の友達がいたという人がいます。もしやアベさんはT小学校の卒業生ではありませんか」と書き送りました。

アベさんの返信はすぐに届きました。自分もT小学校の卒業生ですが、いったいどなたでしょうと。しかもちょうど今私も青木先生のことを考えていました、というのです。なんだかテレパシーのようです。とても不思議です。

かくして小学生の頃コバヤシさんと一緒に書道を習っていたアベさんは、サトウさんの心優しき友であるアベさんその人であったことが確認できました。

複雑なことを述べたのであらためて整理すると、次のような偶然の連鎖がすべて起こっていました。

（1）T小学校でアベさんとコバヤシさんが出会い一緒に書道を習う。
（2）H高校でサトウさんとコバヤシさんが出会い通学仲間になる。
（3）関東学院大学法学部でサトウさんとアベさんが出会い友達になる。

（4）同学部専任講師に着任した私が一期生として入学してきたサトウさんとアベさんに出会う。
（5）一橋大学に移籍した私はコバヤシさんと同僚として親しく過ごす一方、サトウさんとアベさんの二人とも交流を保ち続ける。
（6）コバヤシさんと私が交わしたふとした会話から、サトウさん、アベさん、コバヤシさんが相互にかつての友達であり、しかも三人がそれぞれ長年私とつながっていたことが明らかになる。

時間の地層の深いところに埋もれていた「三角関係」を、私は数十年ぶりに掘り起こすことができたのでした。

アベさんまでつながっていたことがわかった私とコバヤシさんは、大いに驚き大いに喜び、その事実をすぐにサトウさんにも連絡しました。「すぐに zoom で顔を合わせましょう」ということになり、ディスプレイ越しの再会がかないました。

サトウさんとコバヤシさんは三二年、アベさんとコバヤシさんは四〇年の歳月を隔てての再会です。小学校と高校と大学を二人ずつの組み合わせで共に過ごした三人は口々に「ぜんぜん変わっていないね」と言って、喜び合っていました。

そこに立ち会えたことには、長く大学教師を続けていたがゆえに初めて味わえる、静かな愉悦が伴ったのでした。

佐藤由紀教授とともに一橋大学キャンパスにて

〈付記〉この文章を本書に収録するにあたり、私は文中に登場する「サトウ（さん）」「アベさん」「コバヤシさん」の三人にそれぞれ許可を得ています。なかでも主人公の「サトウ（さん）」からは実名でよいという許可を得ていますので、文中に触れた写真を上に載せると同時に種明かしをいたします。「サトウ（さん）」は玉川大学リベラルアーツ学部の佐藤由紀教授です。

T君の早逝とその後日談

一　早逝したT君

大学生時代を回想するとき、必ず思い起こす友人がいる。イニシャルだけ言おう。T君という。Tは私のクラスメートであると同時にゼミ仲間であった。私たちは一緒に学び、そして遊んだ。しかし、Tは、大学三年生の終わり近い一九八三年二月に突如病気で二一歳の生涯を閉じた。

Tの没後、七回忌法要に招かれた。一九八九年のことである。私は当時、大学院生としてまだ大学に残っており、ゼミ仲間の代表として出席した。その際、御両親のために何かできることはないだろうかと考えて、Tを回想する一文を草し、法要が済んだあとにその文章をお父上に手渡した。

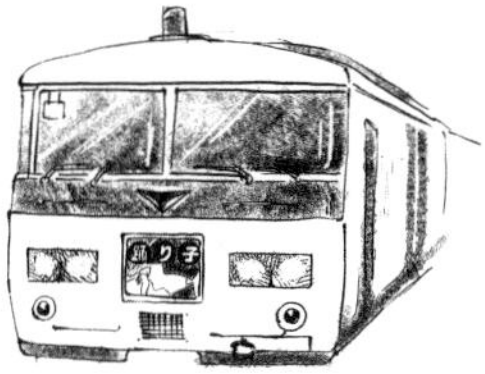

次の二に載せるのは、その時に私が書いた回想文である。「一九八九年一月二五日記」と末尾に記入してあるから、昭和が終わり平成が始まった直後に書いたものである。

まずは「T君を回想する――一九八〇年四月～一九八三年二月――」と題したその文章を御紹介しよう。なお本書に収録するにあたり個人名などは修正したり省略したりした。

二　T君を回想する――一九八〇年四月～一九八三年二月

1　はじめに

T君の七回忌法要の案内を受け取り、しみじみ歳月の過ぎゆく早さに思いを致した。そして、一橋大学の同じゼミナールに学んだ同輩代表として出席するにあたり、記憶の中にあるT君の姿を書きとどめておくことを思い立った。私が、家庭でのT君の姿を知らないように、御家族の皆さんは大学での姿を御存知ないのではないか。そう考えたのである。

私は、T君の生前、彼の特別親しい友人であったわけではない。T君に関する記憶は断片的であるし、T君の人となりを語る人間としては、私はおそらく不適任である。それにもかかわらず、このような企てをしようとするのには、御家族のためということだけではなく、さらにそれなりの理由もある。

T君と私は、「親友」ではなかったが、小平キャンパスの前期教養課程においては同じクラスに所属し、国立キャンパスの専門課程に移ってからは同じゼミナールに所属していた。T君が一橋大学で学んだ三年間（一九八〇年四月～一九八三年二月）、われわれは、同じ時間、同じ空間を共有し、同じ時代の空気を呼吸する「隣人」同士であったというべきだろう。現在、大学を卒業して五年経ち、気が付くと、かつての仲間たちはそれぞれ全く違った人生を歩み始めている。もはや、クラスやゼミナールのかつての仲間たちの多くは、「隣人」でさえなくなってしまった。しかし、彼ら一人ひとりに対する同世代人としての連帯感は日々強固なものになってゆく気がする。そして、あまりにも早く生き急いで逝ってしまったT君への愛着の念も、ますます強まるばかりである。最近、折に触れてT君のことを親しく思いだす。私の心の中では、彼はいつの間にか、単なる「隣人」ではなく、なつかしい「友人」として意識されるに至っている。われわれがようやく近しい友人となったのが、もはや幽明境を異にしてからであったことは、なんとも皮肉なことである。

私は、かつての隣人として、そして何より、現在の友人として、T君のいた風景を叙述する資格があると思う。それだけではない。ぜひT君に関する記憶を書きとどめておきたいという強い欲求がある。ひとつには、つねに近くにありながら、いまだ深く理解し合わぬうちに、忽然として去って行ってしまったT君の哀惜のために。そして、ひとつには、私自身の学部生時代の愛惜のために。

しかし大きな気がかりもある。ほかならぬT君の気持である。このような企てを為そうとすることに対し、彼は何と言うだろうか。「お前に友達づらされる筋合いはない」と言われてしまうことを、私はおそれる。今となっては確かめようもない彼の気持に対するおそれを打ち消すため、ひとつ誓いを立てたい。それは、記憶の中にあるT君の姿を叙述する際に、いかなる美化もその逆も行わず、ありのままの情景、ありのままの感情を叙述することを肝に銘じつつ筆を進めるということである。これが故人に対して示しうる最小にして最大の誠実であると考えるからである。この一文は、挽歌でも頌歌でもなく、単なる回想の記録である。そして、単なる記録こそ、私が故人に捧げるにふさわしい最良の鎮魂歌であるにちがいない。

なお、かつてわれわれは、お互いに呼び捨てにし合っていた。そこで以下の記述では故人に敬称をつけることを省くことにする。客観的な記録にとって、粉飾は不要であろう。

2 出会い

Tと初めて会ったのは、一橋大学の入学式の翌日か翌々日であるから、一九八〇年(昭和五五年)の四月一二日か一三日のことである。その日、小平分校の二〇八番教室では、フランス語を第二外国語とするQ0(キュー・ゼロ)クラスの顔合わせが行われていた。クラス名の一部をなす数字は入学年度を示し、一九八〇年入学のわれわれのクラス名には、一九八〇の末尾のゼロがついたのである。オリエンテーションを兼ねた顔合わせは、毎年組織される新入生歓迎委員会の主催で行われるものである。

われわれのクラスでは、前年度入学のQ9クラスの数人が司会をつとめ、コの字形に机を並べた教室で一人ひとり学籍番号順に呼び出されては、教壇に立って自己紹介を行った。一橋大学では、クラスは学部別の編成ではなく、商・経済・法・社会の四学部の混成で出来ていて、学籍番号もこの順になっている。印象深い自己紹介のいくつかは、いまでもはっきり記憶に残っている。たとえば、東大進学者ばかりの筑波大学附属駒場高校からたった一人だけ一橋に来た男は、長々と野球選手の形態模写をやった。ブラジル育ちの男は、ブラジル礼賛をひとくさりやってからブラジルサッカーチームの応援歌をポルトガル語で歌った。気仙沼出身の男は、小さいときから女の子としか遊んだことがないという話をゆったりとした東北弁で語って、皆をなごませた。

Tの順番は、私の数人後であった。新入生とはいっても、大人びた外見の浪人が半数以上を占め、不遜な態度でタバコを吸っている者も少なからずいた中で、童顔のTは一目で現役組であることがわかった。そして、彼の真面目な服装が私を安心させた。というのは、私自身が山梨県の田舎高校でくそ真面目に過ごして来た者であったので、Tがいわば「同類」であるように思えたのである。

おもむろに教壇に立ったTは、極度な照れ屋であるようだった。ぐるりと取り囲んだ同級生の顔を見ようともしない。もちろん、皆がひそかに期待している宴会芸まがいのパフォーマンスは、彼とは無縁であった。Tは目を伏せたまま、低い声で、しかし外見に似合わず意外と太い声で、ひとことボソリと言っては脇に控えている二年生の進行役の方を向くだけだった。たまりかねた進行役が、「こっちじゃなくて、あっちを向いてしゃべってよ」とTに注文をつけたほどである。この日、訥弁のTは、自分の名前と出身高校名を述べた以外にほとんど余計なことを口にしなかったように記憶している。

ここで、ひとつのエピソードをぜひ記録しておかなければなるまい。Tの数人後にクラスメート某君が教壇に立つやいなや進行役の二年生が口を挟んだ。

「あのお、さるやんごとなきお方に似ていると言われたことはありませんか?」

一呼吸おいて教室は爆笑した。髪型といい顔つきといい某君は浩宮殿下にそっくりなのであった。数日後、急造のクラス名簿が回覧されたとき、某君の名の後には早速「殿下」と書かれていた。そして、ついでにTの名の後には「陛下」と記されていたのである。あの名簿を作ったのは一体誰だったのか、そして、最初にTを「陛下」と名付けたのは誰であったのか、私にはわからない。ただ、「陛下」というあだ名は、「殿下」というあだ名に触発されたものであることを指摘しうるのみである。Tの見るからに俗事に疎そうな公家的な外見とあぶなっかしいほどぎこちない動作は、たしかに裕仁陛下を連想させるところがあった。このあだ名は大いにウケてクラスの外にも流布した。

3 小平

クラスを同じくするわれわれは、英語、仏語、体育の授業では必ず一緒であった。クラスでのTは無口で、超然としたところがあったが、語学の時間のTについては、具体的な記憶がほとんどない。だが、体育の時間の記憶は鮮明である。Tは運動が得意ではなかった。質実とは言い難いが間違いなく剛健な高校出身で、不幸にも運動神経が鈍い私は、高校時代の体育の時間はつねに劣等感に悩まされていたくちであるが、Tは明らかに私の仲間であった。体育の授業種目はテニスであった。ほっそりしたTは、まぶしいほど白いジャージの上下を着て、遠慮がちにラケットを振る、というよりむしろラケットを「出す」。しかしボールはラケットより早く、おまけに、ラケットから数十センチも離れたところを空しく通り過ぎ、Tは、はにかんだような苦笑を浮かべる。そんな場面をなんどか目撃した。

Tが好きだったのは歴史であった。これは、本人の口から聞いたことであるから、間違いはない。小平・国立の両キャンパスを通じての学生時代を通じて、西洋史、日本史、東洋史といった授業を積極的に履修していたはずである。歴史にはあまり興味がなかった私も、小平の西洋史の講義だけは履修していた。担当していたのはビザンツ学の泰斗、「ナベキン」こと渡辺金一教授であった。ひょろ長い体軀をした渡辺教授は、英独仏伊はもちろんギリシャ語、ラテン語までこなす語学の天才であるとの話が伝わっていたが、その講義は少なくとも私には退屈なものであった。おまけにそれが午前九時前から始まる一限目の授業ときていたため、西洋史の教室から自然に足が遠のいた。そんな事情で、私の出席状況は芳しいものではなかったが、西洋史の教室の比較的前列にTが座っていたことは覚えている。遠方の自宅から本数の少ない武蔵野線に乗り一限目に出席するためには、よほど早起きしていたに違いない。

小平時代には、もうひとつTに関する記憶がある。何の講義であったかは覚えていないが、試験期に入る直前の教室で、授業終了後Tが私に歩み寄ってきて、唐突な命令口調で、「おい、この授業のノート貸せ」と言ったことである。比較的真面目な学生ではあったが、一年間続けてノートを取るほどには勤勉ではなかった私には、そもそも貸すべきノートなど存在していなかったので、彼の申込みは最初から無駄であった。そして、「ノート借りの仁義」を全く無視したTの不器用な申込み方では、果たしてノートを貸してくれる者がいるかどうか、いささか疑問に思ったのであった。試験前に、利用価値のあるノートを持っているのは、大抵女子学生である。抜け目のない人間は、アテにできる女子学生の目星を早くからつけておいて、来るべき試験期に備えて、平生から人脈作りや根回しにせっせと励むものである。Tは、要領よく立ち回るタイプではなかったから、そのような世知にはたけていなかったのだろう。

4 国立

Tは、国立キャンパスの専門課程に移ってから、より近しい隣人になった。われわれは、刑法学の福田平教授のゼミで机を並べることになったのである。

Tが福田ゼミに入ったことが、彼の本意であったかどうかはわからない。一九八二年の四月のある日、福田ゼミ志望者は、福田研究室の前に集められ、ひとりずつ呼び入れられては、教授の面接を受けた。一〇人あまりの志願者とともに研究室の前の廊下で自分の順番を待っていると、数人が慌ただしくそこに駆けつけて来た。その中にTの姿があった。聞いたところでは、直前に憲法の杉原泰雄教授の「くじ引き」によるゼミ選考があって、くじ運の悪かった数人が選考に漏れたのだということだった。間もなく私の番が来た。福田教授は、ソファーに私を座らせると、ちょっと離れた机に向かいながら、出身高校、クラブ活動、刑法ゼミの志望動機などを質問した。教授が手にしているのは、どうやら小平時代の成績表であるようだった。私より後で面接を受けたTも、同じような質問を受けたと推測される。選考結果は数時間後には掲示板に貼り出され、Tの名も私の名もそこにあった。

ゼミでのTは、相変わらず寡黙であった。中にはゼミの時間中だけ寡黙になる者もあったが、Tはいつでも静かであった。七月の末に合宿で訪れた日光で、東照宮や華厳の滝を観光した際にも、Tはひっそりと歩くのみであった。写真を撮るときも、Tは後列の端にそっと立つようなところがあった。宿で行った勉強の時間には、Tはゼミ仲間のひとりと共同して「社会的相当性」という刑法学上の概念について報告を行った。だが、この報告ではレジュメを作って来たゼミ仲間がしゃべり、Tは黙って脇に控えていた。

Tがゼミで最初にして最後の本格的報告を行ったのは、一〇月七日のことであった。題材は「使用窃盗と不法領得の意思」に関する昭和五五年の最高裁決定である。Tが教室に現れ、レジュメを配りだしたとき、「うへえ」という感嘆とも抗議ともつかぬ声が湧いた。そのレジュメは、なんと一三枚もあったのである。しかも、それがびっしり文章で埋まっており、おまけに字に濃淡があってひどく読みづらい。彼は、どうやら青刷り印刷機とは相性が悪かったらしい。だが、報告の肝心の内容は、当該決定の評釈、従来の判例、および学説を丹念に紹介する律義で周到なものであった。私の手元に今も残るその時のレジュメは、Tの生真面目さと、いとおしいほどの不器用さをはっきりと顕現している。なお、その直後の一〇月二一日に、学生だけで自主的に行っていたサブゼミにおいて、Tが「故意」について報告したレジュメも手元にあるが、残念ながらその報告に関する記憶は残っていない。

Tが、体調を崩してゼミを欠席したのは、一一月に入ってからであっただろうか。しかし、われわれのうち誰一人、Tの重篤な病状を知りうるものはいなかった。T自身も、「風邪だ」と言っていたくらいであるから、自分の置かれている状況の困難さに対する認識はなかったのだろう。

Tが、ゼミを一回か二回休んだ直後、四年生の就職内定祝いを兼ねてゼミ旅行が行われた。東京駅から国鉄の「踊り子号」に乗って修善寺温泉に行く旅には、Tも姿を見せた。一二月の初めのことであった。

宿に着いた夜、さっそくコンパが行われた。旅行の幹事役によると、その宴会は宿泊とセットになっていて、「五右衛門さんコース」と名がつけられており、お銚子が一人当たり五本付く、というものであった。宴会場となった大広間で、Tは私の前に座った。ひとりずつ小さな鍋だの蕎麦だのがこまごまとついているけれども、料理の量がどうも足りない。決して大食には思えない福田教授でさえ、足りないから握り飯かなにか追加しろと幹事役に命じたほどであった。しかし、Tは食がすすまないようだった。酒を勧めても、「どうもこのところ体調が悪いんだ」と言って断った。

その夜、われわれは、トランプや麻雀に興じたが、Tはひとり、早くから布団をかぶって寝てしまった。騒々しい部屋の片隅で丸くなって目を閉じているその顔色は、とても白く見えた。

5　別れ

旅行の後、Tは入院した。

ゼミの幹事であった私は、副幹事であった宮川純一郎君（以下宮川）とともに、入院していたM病院にTを二度見舞った。

一回目、当時杉並区に住んでいた私と、国立市に住んでいた宮川は、荻窪駅で待ち合わせて地下鉄に乗った。二時間もかかって病院のある駅に着くと、日はすでに傾いていた。風が強く、寒い日だった。病院に向かって緩やかな坂を上ってゆく途中、すばらしい夕焼けが見えた。

M病院は、想像以上に大きな病院であった。ロビーでは、パジャマ姿の患者がタバコを吸ったり、職員らしき人たちがピンポンをしたりしていた。ナースステーションで聞いた病室を訪ねると、二人部屋である。入口側には、重病人らしい患者がじっと仰臥していた。白いカーテンを一枚隔てた奥にTはいた。付き添っていた母上は、われわれのために場所を空けて、外に出て行かれた。何も知らない私と宮川は、「どこが悪いの」などと尋ねたりした。Tは、現在検査中であって詳しいことはわからないが、リンパ腺が腫れている、と答えたように記憶している。だが、ただでさえ病人の見舞いというのは難しいものであるのに、寡黙なTを見舞うのはさらに大変であった。私も宮川も、一所懸命にしゃべった。二人とも、黙ってじっと枕元に座っていることができるほど、Tと親しいわけではなかった。結局、われわれは、「あせらずゆっくり養生しろや」とか、「まあ頑張れ」といった月並みな言葉を残しただけで、一五分かそこらで病室を辞した。

二回目もやはり宮川と一緒であった。今度は、ひとつ明確な目的があった。試験期に備えて、Tの履修している講義を聞きだしておくことである。Tが、試験前に退院したときのため、ゼミ員全員が協力しあってノートを調達しようという話になっていたのであった。

病室には御両親がおられたが、場所を空けて出て行かれた。入れ替わるかたちで枕元に立って、息をのんだ。Tは、前回来たときよりはるかにやせ細ってしまい、顔つきも変わっていた。おまけに鼻にはチューブが入れられており痛々しい。気管支喘息の持病がある私は、Tの肺から漏れるかすかなラッセル音にもすぐ気付いた。それはパイピング（piping）と呼ばれる乾いた音ではなく、スノアリング（snoring）と呼ばれる水泡音であった。病状が重くなっていることは、火を見るより明らかであった。

私は、気を取り直して来訪の目的を告げた。意識は明晰であったTが、月曜から順に履修している講義名を言い、宮川が几帳面な字でそれを手帳に書き取った。Tは、案外強気で、時折「この講義はチョンボだから大丈夫だ」などと言ったりした。「チョンボ」というのは、一橋の学生の隠語で、採点が甘い、という意味合いである。

用件を済ませてしまうと、Tがぽつりと言った。「俺、今、立てないんだ」。私は、苦しかった。宮川も苦しかったにちがいない。二人とも言葉を失ってしまった。どんな言葉も空々しく響くに決まっていた。数分後、いたたまれなくなった私と宮川は、「頑張れ」と一言いってTの手を握り、息詰まるような病室を去った。Tと会ったのは、これが最後であった。

帰りしな、父上が病室からエレベータの前までずっと送ってくださった。父上は、われわれに何かを伝えようとしているようにも思えた。しかし、Tの病状が重いことは理解したものの、彼の命が確実に燃え尽きようとしていることまでは思いが至らなかったわれわれは、「試験のときは協力しますから」などと、のんきなことを申し上げた。そのためであろうか、結局、父上は何もおっしゃらなかったが、あの時、もっと多くの仲間が会いに来てくれるようにと伝えようとなさっていたのかも知れない。

病院から駅に向かう帰り道、宮川と宗教について語り合った。私が宗教とはつまるところ死を相対化する試みではないかという考えを述べると、大学に入ってから洗礼を受けてクリスチャンとなっていた宮川は、自分は死は怖くないと言った。宗教が話題になったのは、宮川が地下鉄の車中で遠藤周作の『イエスの生涯』を読み耽っていたためであって、決してTの死を予感していたからではなかった。むしろ、Tの生を確信していたからこそ、そのような会話が可能であったのだと言ってもよかろう。

次のゼミの時間に、Tを見舞った話を福田教授に報告した。あまり良くないようです、とお伝えすると、「どうも、悪いようですねえ」と一瞬顔をくもらせたが、すぐにレポーターの学生を促してゼミを開始した。

二月に入ると大学は試験が目白押しである。私も試験勉強に追われた。法学部の三年生は案外、厳しいのである。Tが逝った日は、前日に民法の試験があって疲れたためか、珍しく八時過ぎまで眠っていた。枕元の電話のベルに起こされて受話器を取ると、「Tの弟ですが、兄が亡くなりました」という予期せぬ知らせが聞こえてきた。私は、ひどく狼狽した。冷静で事務的な口調の弟さんに対し、あわあわと辻褄の合わないことをしゃべってしまったように記憶している。うかつにも、私は、本当にTが退院してくることを確信していたため、この知らせは、文字通り、寝耳に水であった。

電話を切ったあと、しばらく布団の上で上半身を起こしたまま、とりあえず何をすべきか考えた。そして、まず、福田教授に連絡することにした。電話口に出た教授は、まだ連絡を受けていないようであったが、私の話を聞いて、一言、「ああ、そうですか」と答えた。私には、教授の冷静さが大いに意外であった。そしてさらに言えば少々不満であった。驚くべき悲報なのに。だが、受話器を置いてから、はたと気づいた。教授はすべてを知っていたに違いなかった。続いて、同輩のゼミ員と、四年生の幹事に連絡をとった。彼らはみな一様に電話口で絶句した。

通夜に参列したゼミ員一同は、帰り道、つとめて明るくふるまった。そうしないと、精神のバランスがとれなかったのであろう。最寄り駅に着くと、あいにく武蔵野線の電車は行ったばかりで、次の列車が来るまで一時間近く待たなければならない。凍るような寒さに耐えきれず、駅前の喫茶店に入った。福田教授が全員にコーヒーを御馳走してくれた。

西国分寺駅に着いた時はすでに一一時近かった。中央線の上りと下り方向に別れるとき、教授は、「みんな風邪をひかないようにな」と何度も言った。

翌日の葬儀には、当日試験がなかったゼミ仲間数人が参列した。そのうちのひとりは、すがるようにしてTの棺を見送られる母上の姿がたまらなかった、と報告した。

6　おわりに

あれから満六年経った。私は、大学院生でありながら結婚し、一女の父となっている。一緒にTを見舞った宮川純一郎は、勤務先から派遣されて国際大学に留学中で、夫人とともに新潟に住む。

福田平教授は、一九八七年（昭和六二年）三月で一橋大学を定年退官し、現在は東海大学教授である。退官直前のゼミOB会で挨拶した教授は、二〇年近くにわたる一橋での生活を回想し、「たったひとつ残念であったことは、T君が亡くなったことです」と述べた。

そして、本年一月七日で昭和も終わった。昭和天皇が崩御したとき、日本と世界のあちこちで、Tを懐かしく思い起こした一橋卒業生の数は決して少なくないと私は推測している。Tは、例の、はにかんだような苦笑を浮かべているだろうか。

三　二七年後の出来事

私が右の文章を草してから二七年後に、話は一気に飛ぶ。

忘れもしない、あれは二〇一六年四月七日のことであった。

私は、研究室の古い書類を処分しようと、その日は朝から研究室をあちこちひっくり返していた。するとデスクの引出しの奥のほうから、右に紹介したTを回想する文章の古ぼけたコピーが出てきた。

自分の書いたその文章の古いコピーを久しぶりに再読し、しみじみとTのことを思い出した。そのまま捨て置けない気持になり、新しくその文章のコピーを取りなおして、研究室のデスクの引出しのいちばん上に入れた。

Tが亡くなったのは一九八三年、七回忌法要は一九八九年だったので、私がその文章を書いたのは、その時点で二七年前、この文章を書いている現在(二〇二四年)から数えるとはるか三五年前ということになる。

Tが亡くなった日は弟さんが朝八時過ぎに私のアパートに電話をかけていらっしゃり、「兄が亡くなりました」と淡々と伝えてくれた。私は狼狽し、ゼミの先生である福田平先生やゼミ仲間たちに電話をかけた。くどいようだが、その間の事情を詳しく書いた自分の文章を、私はまさにその日二七年ぶりに読み返し、コピーを取り直し、しばし故人の冥福を祈っていた。

その日は木曜日であった。その年度の初回のゼミがあった日である。新三年生のゼミ生が、初めて教室に来て、自己紹介などしつつ、顔合わせをした。そのあと、みんなで、さらにおしゃべりしようというわけで、国立駅前の喫茶店「ロージナ茶房」に行った。同店は私の学生時代から一橋大学の学生に愛されている老舗である。

新しく入ったゼミ生の中に中学も高校もずっと国外で過ごした女子学生がいた。彼女は当初、茶話会にはサークルの練習があって参加できないと言っていた。ところが、教室からロージナ茶房に移動する直前、予定されていた練習がなくなったことがわかった。「先生、今からでも、私も行っていいですか？」という。「もちろんだとも！」と、皆でぞろぞろ歩いて行った。

そのゼミ生は、ロージナ茶房でもたまたま私の目の前の席に座った。あれこれおしゃべりしているうちに、なにかの拍子で、身内に一橋出身者がいるかどうかという話題になった。すると、その新ゼミ生がこう言った。

筆者の学生時代から変わらぬ佇まいの老舗喫茶店

「昔、私の伯父が一橋の法学部にいたんですが、学生時代に亡くなってしまったんだそうです。私が生まれるずっと前なので、その伯父さんのことは全く知りません」

最初は気づかなかった。しかし、しばらくしてからドキッとした。「まさか」と思った。そのゼミ生の苗字もTだったのである。内心、震えるような気持で、「もしかして、キミの亡くなった伯父さんは○○高校の出身ではなかったか」と尋ねた。

今度はゼミ生が驚いた。「どうして知っていらっしゃるんですか！」と。私は、感動の涙をこらえながら、「Tはボクの友達だったんだ」と伝えた。

Tが亡くなったその日に、兄の死を電話で知らせてくれたのは、弟さんだった。ゼミ生は、まさにその弟さんのお嬢さんだったのである。

もちろん、彼女は、自分の父親が、私にそのような電話をかけたことなど、知る由もない。その日は君のお父様から電話をもらったんだ、と教えてやった。ゼミ生はすぐに海外にいる父上にメールを出して、伯父さんが亡くなった時、伯父さんの友達に電話をかけたことを覚えているかと質問した。父上からの返信はすぐに届いた。父上もちゃんと覚えていらした。ただ、兄の死を知らせた相手である私の名前はすっかり忘却なさっていた。ゼミ生はさらに二通目のメールを父上に出して、父上が電話をかけた相手は自分が入ったばかりのゼミの先生だった、という旨を伝えた。

T家のみなさんは、私が大学院を出てから一橋の教授になっていることを、まったく御存知なかった。ゼミ生もまたまったくの偶然で私のゼミに入ってきていた。

不思議なことがあるものだ。その日の午前中Tを回想した文章のコピーが出てきて、新しいコピーを研究室のデスクの引出しの一番上に置いたまさにその日の午後に、Tの姪っ子が私の前に現れたのだから。

あまりのことに私は驚いて、そのゼミ生一人だけを連れて、ロージナ茶房から大学の研究室に戻った。

「いいかい、今からこの引出しを開けると、君の伯父さんについて書いた文章が入っているんだ」と目の前で引出しを開けて見せ、その日に取ったばかりの新品のコピーをゼミ生に渡した。

私は、その出来事の一部始終を学生時代のゼミ仲間たちにメールですぐに伝えた。「それはきっとTが青木に挨拶をしたにちがいない。僕の姪が君のゼミに入るからヨロシクって伝えたんだ」とゼミ仲間のひとりが返信してきた。私もそんな気がした。胸いっぱいに温かいものが広がった。

その翌月、私たち昔のゼミ仲間は姪っ子ゼミ生と一緒にTの墓参りをした。墓前で記念撮影をした際には墓石に向かって大きな声で、「おい、Tっ！　お前も出てきて、一緒に写真に写れっ！」と呼びかけた。残念ながらTの姿は写っていなかった。その代わり私達は、ゼミ生の顔にTの面影を見出していた。

そのあとみんなで食事に行きTの思い出を語り合った。「何も知らなかった伯父さんのことがいろいろわかってうれしいです」とゼミ生も喜んだ。

さらに二年後、そのゼミ生は無事に卒業した。私はTに対して一種の義理を果たしたような気持になった。卒業式終了後には「今日、Tの姪っ子を無事に卒業させた」と報告するメールをかつてのゼミ仲間たちに送った。

今から三五年前に書いた回想文を、私は七回忌法要の折にTのご両親にお渡しした。御両親に喜ばれたかどうかはわからない。むしろ悲しみを増すだけの迷惑な代物だったかもしれない。実際、Tの父上は法要当日に「まだ昨日のことのようです」とおっしゃっていた。愛する息子を失った両親にとって、その日からすっかり時が止まってしまっていたのだろう。

自分はあの時望まれないお節介をしてしまった、きっとそうだ、という忸怩たる思いを、私は二七年間の長きにわたり払拭できずにいた。

しかし、今はその不安は雲散霧消し、すっかり穏やかな気持になっている。なぜかというと、私は、あの文章を七回忌に御両親に渡すために書いていたのではなく、その二七年後にTの姪であるゼミ生に渡すために書いていたのだ、とわかったからである。

「たほいや」歴三〇年
——私の好きなゲームたち

一　SCRABBLE と BOGGLE

ゲームが好きである。コンピュータゲームではない。アナログなやつである。特に言葉に関するゲームが好きだ。英語のワードゲームであればSCRABBLE（スクラブル）とBOGGLE（ボグル）が好きである。どちらも四四年前からやっている。大学一年生の時に英語サークルで覚えてから、還暦を過ぎるまで飽くことなくやりつづけている。

SCRABBLE は古いゲームで、映画や小説にもしばしば登場する。例えばオードリー・ヘップバーンの映画「麗しのサブリナ」（一九五四年）にも、登場人物の一人がSCRABBLEをもって現れる場面

がある。

アルファベットが一文字ずつ記入されているタイルを、クロスワードパズルのようにタテ・ヨコに置いて英単語を作り、その得点を競う。運と単語力と戦術の三要素のバランスが絶妙で、たいへん奥が深い。おまけにインテリアとして部屋に置いても美しい。御存知の方も多いはずの有名ゲームである。

SCRABBLEの欠点は、しいていえば勝負に一時間以上かかることであろうか。二人から四人（チーム制を取ればもっと多くの人数）で遊べるゲームだが、ターンが来るたび一点でも良い手はないかと長考に沈むと勝負時間がその分長くなる。制限時間制を導入すればこの欠点は是正されるはずだが、無粋なのでやったことがない。

一方、BOGGLEは、SCRABBLEに比べてルールが断然単純である。しかもすぐに一回の勝負が終わるので、手軽である。このゲームを知る人は少ないので、ルールを大雑把に説明しておこう。アルファベットが一つの面に一文字ずつ書かれた一六個のキューブを、がらがらと振って、4×4の正方形の一六マスに納め、その一六マスにランダムに入ったキューブの上面のアルファベット（一六文字）を一筆書きになるようにつなげて、制限時間（三分）内にどれだけ多くの英単語（三文字以上）を作れるかを競うゲームである。自分以外の参加者が一人でも同じ単語を見つけていたらその単語は得点にならず、書いた人は消し合わなければならない。そうやって、最後に残った「自分だけが見つけた単語」の数を競う。その際、文字数の多い単語には加点もされる。プレーヤーは何人でもいい。ただし参加者が多くなればなるほど、消し合う確率が高くなり、激しいつぶし合いになる。BOGGLE のルールはとにかくわかりやすいが、それでも初心者にはなかなか単語がみつからない。誰でも知っているような超基本単語が隠れていても、アルファベットの天地がひっくり返っていたり左右に倒れていたりするので、すぐには見えないからである。

著者愛用の SCRABBLE。ゲームとして奥が深くインテリアとしても美しい。

40 年以上愛用している BOGGLE

私は、一八歳でこのゲームを覚え、大学教師になってからも歴代のゼミ生たちと三〇年以上遊び続けてきた。その結果、いつの間にか、とてつもなく強くなってしまった。一対一の勝負ではほとんど負けた記憶がない。私より英語ができる日本人はもちろんいくらでもいる。当然彼らにも負けない。それどころか英語圏出身のネイティブ・スピーカーにも大差で楽勝してしまう。単語力があっても「見つける力」がないとダメなのだ。このゲームをゼミの学生たちにやらせてみると、ただの「烏合の衆」にすぎないことがわかるだけである。だからゼミ生諸君を相手にするときは、一〇人前後の連合軍を私が一人で相手にすることにしている。それでも勝ってしまうことが多い。

こうなると楽しいかというと、決してそうではない。好きだったゲームもだんだんつまらなくなってくる。この世には「誰も自分を負かしてくれない孤独」というものもあるのだと私は知った。いったん私の強さを知ってしまうと二度と遊んでくれない人もいるので、新しい相手をこちらから誘うのも気がひける。ついでにいうと家庭でもそうである。私の妻は大学同期生でかなりの語学好きであるが絶対にやってくれない。そもそも彼女はどんな勝負であれ夫に負けることは一切やらない主義なのだ。「負けず嫌い」を通り越している気がするので、端的に「勝ち好き」と評したい。

SCRABBLEには世界選手権がある。しかし、BOGGLEは全日本選手権や都道府県大会や市町村大会はおろか、学校内サークルの存在も寡聞にして知らない。私は、控え目に言っても一橋大学の所在する国立市代表くらいには選ばれる自信があるのに、残念である。しかし、まあ深みに欠けるゲームなので、同好の士が少ないのはいたしかたない。

もしみなさんが、BOGGLEをやったことがある人と将来遭遇することがあったら、その人は私のゼミの卒業生である確率がかなり高い。

二　「たほいや」とそのやり方

日本語のワードゲームも好きである。たとえば「ワードバスケット」というしりとり類似のカードゲームをよくやる。愉快なゲームである。年齢の違う人が混ざってやると、それぞれの発する語彙に歴然とした時代の刻印があったり、あわてた人が珍妙な言葉を口走ってしまったり、ふだん上品な人がつい下品な言葉を叫んでしまったりする。

しかし、なんといっても最高に面白い日本語の言葉遊びは「たほいや」であると思う。私の「たほいや歴」はすでに三〇年になるが、まったく飽きない。

このゲームは、もともと一九九三年からフジテレビの同名の深夜番組として放送されていた。その番組の内容をまとめた本が『たほいや』（フジテレビ出版発行、扶桑社発売、一九九三年）として出版もされている。

三〇年前のある日、私の大学時代からの友人である佐藤裕之君が、「ものすごく面白いものをみつけた」と言ってきた。同君は現在、秋田県の洋上風力発電を手掛ける株式会社ウェンティ・ジャパン（VENTI JAPAN）の社長であるが、当時は東京でサラリーマンをやっていた。佐藤君のいう「ものすごく面白いもの」というのは、上記の『たほいや』という小さな本であった。同君は実際にテレビ番組の「たほいや」も見ていたようだが、私はまったく視聴したことがなかった。しかし、佐藤君の持参した本でゲームのやり方を知るやいなや無性にやりたくなった。すぐに佐藤君夫妻を含む数名の友人を一橋大学近くの喫茶店「ロージナ茶房」に集めて、実際にやってみた。期待どおりの面白さであった。その日以来、機会を見つけては学生や同僚や友人とやっている。

私たちがやっている「たほいや」の進め方とルールは以下のとおりである。

準備するものは、岩波書店の『広辞苑』(他の辞書はお勧めしない)、チップ(ゲーム用チップがなければ他の物で代用可)、筆記具、同じ大きさで同じ外見の紙である。

(1) あらかじめ各プレーヤーにチップを一〇枚ずつ配る。

(2) 親となったプレーヤーは、広辞苑の見出し語になっている任意の単語(ただし同音異義語が載っているものを避ける)を選び、その単語をひらがなで紙に書いてプレーヤーたちに見せる。見出しがカタカナになっている外来語も、すべてひらがなで書く(以下、本稿でもその方式に従う)。

(3) プレーヤーは、いかにも広辞苑にはこう書いてありそうだという語釈を想像(または創造)し、それを自分の名前を記入した回答用紙に書く。その間、親は広辞苑の本当の語釈を自分の名前を書いた回答用紙に正確に書き写す。

(4) 親はそれぞれのプレーヤーから回答用紙を集め、自分の回答用紙も入れてシャッフルしたうえで番号を振り、「1番なんとか、2番なんとか……」と回答用紙の語釈たちを読み上げる。誰の書いたものかは当然ながら言わない。なるべく同じトーンで淡々と読み上げきるのを理想とするが、これがいかに難しいかは、後述する回答例を見ればおわかりいただけるだろう。

(5) プレーヤーはそれを聞いて、どれが本物の広辞苑の語釈かを考える。その際メモを取ることができ、親に再読を要求することもできる。

（6）親の読み上げが終わったら、プレーヤーは正解（広辞苑の語釈）だと思われる番号にチップを賭ける。親の隣の人から順番に賭ける。後に賭ける人が有利になるので、親を一通り参加者全員に順番に回しその隣の人から賭ける方式をとり、全体としての公平性に配慮する。一回に賭けられるチップの枚数は一枚。

（7）全員がチップを賭けたら、親は番号順に再び回答を読み上げ、それが誰の書いたものかを発表する。

（8）チップの精算をする。親は、正解を当てたプレーヤーにチップを一枚ずつ渡す。正解に賭けられたチップは、賭けたプレーヤーが自分で回収する。逆に、親は、正解を当てられなかったプレーヤーからチップを一枚ずつ受け取る。また、正解を当てられなかったプレーヤーは、自分が賭けたチップを、自分を騙した語釈を書いたプレーヤーに渡す。

（9）チップの精算が終わったら一ターンが終わり。最初の親の隣のプレーヤーが次の親となり右の手順を繰り返す。

三 「たほいや」の面白さ

私たちのルールではカタカナ語もすべてひらがなに直して出題する。そうすると和語と外来語の区別がつかなくなることもある。衝撃を受けた言葉のひとつは**【からておどり】**である。広辞苑に載っているのだから、その道の専門家にとって周知の言葉なのだろう。しかし、そうでない者は、誰しも「踊り」の一種だと考えるにちがいない。正解は「カラテオドリ」という名の数学者なのである。しかも、広辞苑の語釈はかなりひっかかる。「ギリシアの数学者。ドイツ生まれ。ミュンヘン大学教授」云々とある。ドイツ生まれのミュンヘン大学教授ならば「ドイツの数学者」ではないのか。これはきっと不注意なプレーヤーが書いたふざけた回答にちがいないと思った。正解を知ったあとも、やはりこの語釈はどうにもスッキリしない。「ギリシアの数学者」という記述は、「ギリシア人の数学者」あるいは「ギリシア国籍の数学者」とすべきではないのか。もしこの文章が広辞苑編集部の目にとまったら、ぜひこの点をご検討いただきたい。

このように遊んでいる時に広辞苑の語釈に細かな疑問がわくこともあるし、ときには明らかな校正ミスまで発見することがある。私は自分が親の時にそれを発見し、あえてその言葉を出題したことがある。**【さおがしら】**という言葉である。私の手元にあるのは、広辞苑第七版の「第一刷」であるが、**【さおがしら】**の語釈はこうなっている。

「釣船や釣りの大会で、狙いの魚を一番多く魚を釣った人。」

こんな稚拙な文を広辞苑の編纂者が書くはずがない、と他のプレーヤーは考え、そのターンでは正解に誰一人賭けなかった。その結果、私はチップを大儲けした。たとえおかしな文であっても、広辞苑の語釈はどれかを当てるゲームなので、これが正解なのである。

なお、後日私は岩波書店の広辞苑編集部に**【さおがしら】**の項に校正ミスがあることを連絡した。

私は広辞苑の新版が出るたびに買っているので、第六版を調べてみたら、第六版の語釈はこうなっていた。

「同じ釣船の中で、その日一番多く魚を釣った人。」

第七版で語釈前半を書き換えた際に、後半との不整合に気づかないまま、出版されてしまったのだろう。その推測を含めて広辞苑編集部に伝えたところ、すぐに返信があり、「ご指摘をどうもありがとうございます。おっしゃるとおり語釈を修正した際に目配りが行き届かなかったものと思われます。重版時に修正をいたします」との御連絡をいただいた。広辞苑第七版が増刷されていれば、すでにこのミスは修正されているはずである。

広辞苑には珍奇な響きの言葉がたくさん収録されている。**【だんぼらぼ】【おむさむさ】【ふけじょろ】【わっぱさっぱ】【やんぴー】**……といった具合で、枚挙にいとまがない。これらの珍語は出題語に選ばれがちで、たしかにそのターンはそれだけで面白い。しかし、みんなが知っている常識的な言葉もじつは出題してみると面白い。ときに珍奇語以上に難問となることもある。たとえば**【おこのみやき】**である。みんな知っているモノなので、真面目なプレーヤーは全員、似たような語釈を書いてくる。ただし、みんなそれを知っていたとしても、あくまでも正解は一つだけである。繰り返し言うが、「たほいや」は「広辞苑の語釈はどれか」を当てるゲームであり、その言葉を知っているかどうかを争うゲームではないからである。**【おこのみやき】**についていうと、広辞苑第七版の語釈は「水で溶いた小麦粉に魚介類・肉・野菜などを好みの材料を混ぜて、熱した鉄板の上で思いのままに焼きながら食べる料理」となっている。無難な語釈であるが、卵はどうしたんだ、それから小麦粉を溶くのは「出汁」ではないのか、という異論がでるかもしれないし、野菜はキャベツが絶対入るからキャベツを明記すべきだという人がいるかもしれない。もし広島の人が参加していたら、生地は薄くクレープ状に焼くので「具を混ぜる」のはおかしいじゃろ、「そば」も入っとらんし、と抗議の声を上げるだろう。

ちなみにこういう言葉については、辞書によってだいぶ語釈が違う。たとえば小学館の『日本国語大辞典〔第二版〕』の語釈では、お好み焼きの具についてもっと明確で具体的な記述がある。「サクラエビ、イカ、牛肉、野菜など」とされているのである。プレーヤーの出身地や年齢が違えば、「サクラエビ」が「いの一番」に書かれていることについて異論が出るに違いない。「イカ」はともかく「牛肉」よりむしろ「豚バラ」じゃないのかという人もいると思う。「じゃりン子チエ」のテツはお好み焼の具に「ちくわ」を入れていたはずだと言い出す人もいるかもしれない。さらには、「具はいろいろあってもソースと青のりがお好み焼きには欠かせないからそれらを書かないのはおかしい」「いやそれならマヨネーズや鰹節の立場はどうなるんだ」「ちょっとうかがいますが紅しょうがのことをよもやみなさんお忘れではないでしょうね」という人まで現れて、東海林さだおさんの食い物エッセイさながらの、楽しい議論が続くにちがいない。私の経験では、多くの人に親しみのある汁物の名が出題されたときも、そこに入れる具について、広辞苑の語釈が適切かどうか、正解発表のあとで議論が百出することがある。

余談ながら、有名料理をひとりだけ知らないプレーヤーがいることが発覚したこともあった。**【もろきゅう】**が出題されたときである。食生活も人それぞれ多様なのだと気づいた。

意外な言葉が広辞苑に採用されていることもある。たとえば**【はなはじめ】**という見出し語がある。風流な新年行事かと思うとさにあらず。広辞苑に採用されているのは往年のコミックバンド、クレージーキャッツの「ハナ肇」氏である。「タレント・俳優。本名、野々山定夫」云々と解説されている。

言葉の世界は広く深く、それ自体が面白いのに加えて、それをめぐって交わされるプレーヤー同士の対話の面白さが「たほいや」の醍醐味である。

四　名回答・珍回答の数々

私はこれまで数々の「たほいや」の主催者あるいは参加者となってきたが、いつまでも思い出し笑いすることが多い。ときに何年も覚えている回答もある。いつまでも忘れられない回答というのがあるのだ。そのくせ広辞苑の本当の語釈はまったく記憶に残らない。どう考えても脳細胞の無駄づかいである。

記録と記憶を頼りにいくつかの回答例を選んで紹介しよう。著作権の関係からはそれぞれの回答につき回答者の名前を明記するのが正しい作法かもしれない。しかし、「たほいや」の場合、それを書くことが、むしろ回答者の名誉を毀損することにつながりそうなので、この文章では、その回答を書いた人の苗字のイニシャルに性別を問わず「さん」を付けたものだけを（　）に入れて末尾に付記するにとどめる。また、これまで多数の人々が私との「たほいや」に参加してきたので、歴代参加者の中には同じイニシャルの人がたくさんいる。左に紹介する回答を書いた方々も同様で、同じイニシャルに最多で四人の方が含まれている。同じイニシャルだからといって同一人物だと早とちりしないでいただきたい。

以下、回答を紹介するにあたり、出題語は【　】に入れて示すことにする。ただし広辞苑の語釈は書き写すのをすべて省略する。興味のある方は御自分で確認してほしい。もし広辞苑をお持ちでなければ、いますぐ購入し、可及的速やかに「たほいや」を実際にやってみることをお勧めする。

では回答例にいこう。なんども言うが、以下はすべて「でっちあげの語釈」である。このことをあらためて強調しておきたい。

まずは、思わず騙されてしまう語釈や、拍手を送りたくなる語釈から。いわば「名語釈」の御紹介である。

【あめわかひこ】　アメンボの異称。（Hさん）
【にじしま】　濃い霧の中などにあらわれる光彩。（Nさん）
【あれまくら】　長年使い続けた枕を直せないほど貧乏なこと。（Kさん）
【いそひめ】　潮が引いた時に砂浜の上に現れるワカメ。（Wさん）

【ほねしごと】いい加減な仕事のこと。「呆寝（ほうね）仕事」から転じた。（Kさん）
【どるばっく】器械体操の技の一つ。脚を折りたたみ、二回後方に宙返りする技。（Mさん）
【ままたき】ご飯炊きのこと。また、歌舞伎・奥州仙台萩で侍女政岡が若君のためにご飯を炊く場面の俗称。（Oさん）

音の響きから発想が似たでっちあげ回答が複数同時に出て来ることもよくある。たとえば次の三つの出題語。

【さられんぼう】中国・宋の時代の僧侶。（Kさん）／沙羅連坊。一〇五〇年中国に渡って修行した僧侶。（Wさん）
【にがんれふ】ロシアの作曲家。ロシア革命によりアメリカに亡命。代表曲は「バイオリン協奏曲第二番」。通称「熱情」。（Kさん）／ロシアの劇作家。イヴァン＝ニガンレフ。一九二〇年生まれ一九七五年没。コサックの出自を隠しながら創作活動を行った。代表作は「アムールの声が聞こえる」。（Yさん）
【よかよかあめ】備後地方で江戸時代正月に作られた人の形を模した棒つきの飴。「よかよか」と言いながら子どもに配った。（Hさん）／飴玉大のボールを複数連ねた、赤ん坊をあやすためのおもちゃの一種。（Mさん）／山陰地方に伝わる伝統的な飴菓子。四日間溶かし続け、さらに四日間かけて

固めることから四日四日飴、転じて「よかよかあめ」。（Nさん）

これらのようによく考えた回答に出会えるのは「たほいや」の喜びの一つである。しかし、いちばんの「華」はむしろ珍回答にこそある。以下、それを紹介しよう。

【あれなす】 前に発言したことを取り消したい時に発する言葉がなまった表現。「あ、あれ、なす。」（Kさん）

【しんねこ】 新参者の猫。ある日いつもの通り餌をねだりに来る猫が突如増えていることがあるが、その猫。（Kさん）

【つゆのみ】 相手方にのみ該当する意。「Only to you」が由来という説が有力。（Tさん）

【ありのまにまに】 インドの人気テレビシリーズ。蟻の「マニマニ」の冒険物語。ある日突然、軍隊蟻に巣を襲われたマニマニが、一族の再興をかけ奮闘する。（Yさん）

【だっくりぼっくり】 バブル期、二五歳を過ぎたばかりの若者たちがクリスマスイベント卒業を意味して多用した若者用語。脱クリ没クリ。（Mさん）

【ぎゃっ】 驚いた時に発せられる言葉。女性は気取っている時には「きゃっ」というが、素の状態では「ぎゃっ」と言う。（Kさん）

【ふたかわ】 一皮むけた人があらぬ方向に成長してしまうこと。「あいつは二皮むけなければ出世で

きたのに。」（Yさん）

【おためごかし】 夜這いの初回。（Nさん）

【こんくらーべ】 イタリアの我慢比べ。（Kさん）

【のーぷりうす】 可愛げのない臼。ずっしりどっしり憮然とした様子の臼。（Mさん）

【またこもの】 二〇世紀後半にアメリカで流行したファッションスタイル。モノクロの色調で統一するスタイルで、日系アメリカ人高崎真多子がデザイナーとしてこのスタイルを確立したことから、MATAKO-MONOと呼ばれる。（Hさん）

【ちゃあ】 お茶好きの人を指す俗称。紅茶、緑茶、チャイなどすべてを網羅する人が「茶」に-erを付けて自称することから始まった。（Aさん）

【かぷりんさん】 年頃の男女に縁談を持ちかけるのが好きな人のこと。（Yさん）

【ごうこん】 豪快な根。樹齢八〇年以上の木に用いられる。（Kさん）

【ごほめく】 油絵を習いたての人がゴッホのタッチに似てしまう現象のこと。「あの人の作品はよく——いている。」（Yさん）

【うしらん】 闘牛の群れが大乱闘している様。（Kさん）

【にじしま】 当初そのようなつもりはなかったにも関わらず、酩酊の挙句、午前二時を迎え始末に負えない様子。転じて、なるべく関わり合いになりたくない人を指す。（Mさん）

【しちゅー】 恋人と四度目のキスをしたことを友人の間で会話する際に用いる隠語。「昨日、どうだっ

た？」「しちゅーだったわよ。」（Kさん）

【ねぐさい】　布団の中で寝っ屁により暖かな空気がこもり臭うこと。（Nさん）

【こびっちょ】　びしょ濡れとまではいかないが、水にやや濡れた様子。「突然雨に降られて――になってしまった。」（Mさん）

【ばんあ】　バンコクとアフリカ大陸を合わせて言うときの略称。特段、その需要はない。（Aさん）

【ひらたくたい】　新進気鋭のデザイナー平野拓也制作のフォントタイプ。同人誌で多く使用される。（Mさん）

キリがないのでこの辺でやめておこう。

私自身はあくまでも真剣に真面目な回答をすることを信条としている。しかし、私の周囲のプレーヤーの中には、このように「たほいや」を大喜利とほとんど同視しているとしか思えない一群の人たちがいる。右の珍回答を書いた人たちの中には、かなりの人数の私自身の教え子が含まれている。自らの指導力不足を感じざるをえない。

「たほいや」のルール説明をした際、親はすべてのプレーヤーの提出した語釈を「なるべく同じトーンで淡々と読み上げきるのを理想とする」と書いた。じつはこれが至難のワザなのである。これらの回答を自分で読み上げなければならないと想像してみてほしい。

実際、「Nさん」のうちのお一人である某出版社若手女性社員は、回答を読み上げている途中で激しい笑いの発作に襲われて窒息しかけた。彼女のハンカチは涙と鼻水でぐしゃぐしゃになり、花のかんばせが台無しとなった。こういう状態になると、もはや何でも可笑しく見えてくる。後で考えると、どこが可笑しいのかわからないごく普通の回答まで、笑いが止まらずに読み上げられなくなったりする。そしてその笑いは他のプレーヤーにも伝染するのである。

五　「座の遊び」の面白さ

もともとどんな遊びでも、誰とやっても同じように面白いかというと、そうではない。参加者の良好な関係性がとても大事である。これは遊びに限らず、仕事も同じである。楽しさの程度は「何をやるか」ではなく「誰とやるか」で決まる。

「たほいや」の面白さは、伝統的な言葉遊びでいうと、例えば「連句」の面白さに通底するところがある。尊敬し合う、あるいは気の置けない連衆が車座になって、次々と言葉を紡ぎ出してゆく共同作業の面白さである。「たほいや」はその意味で日本古来の伝統にのっとった「座の遊び」なのである。そう私は思う。

第三部　学生に語る

「おじさん」との別れ
——ゼミ生諸君に話したいこと

一　若いゼミ生諸君に

この文章は、昔、一橋大学の学生だった私から、現在の学生諸君、とくに私のゼミ生諸君にむけて語るものです。

古今東西、大人（年寄り）は説教好きと相場が決まっています。私も若い頃そう思っていましたし、とりわけ自分自身の父親の昔の体験談や説教を、「うるさいな、おれには関係ないよ」と内心思いながら聞き流したこともしばしばありました。だいたい親子の間では冷静な対話は成立しにくいものなのです。親は子の幸福を祈るがゆえに、その人生をより良いものにするために少しでも手を貸したい

のです。でも、子の方は、親が自分の生活や人生を支配し指図しようとすることに、強く反発したくなるのです。

さいわいなことに、私はみなさんの父親ではありません。そして、私自身の経験によると、父親の話は鬱陶しくても、ゼミの先生の話ならば、あまりうるさくない。場合によっては、もっと聴きたい、と感じてもらえる可能性すらあるのではないかと期待しています。

本当は、自分の親も、大学の先生も、中身はあまり変わらないはずなのです。それどころか、たとえば、大組織の中で名もない歯車になる苦労や、お客様の要求を実現するために東奔西走したりする苦労をどれだけしているかといった基準で考えると、大学教師は一般社会の大人よりはるかに苦労知らずで、むしろ、社会人としてはとんでもない未熟者である確率がずっと高いのです。

だから冷静に考えると、大学の先生の話を聴くより自分の親の話を聴く方が、ずっと有益な教訓を得られる可能性が高いはずなのです。

でも、なぜか、子にはそうは思えないものです。おそらく、人間は誰しも、とりわけ若者は誰しも、「親以外の、心のよりどころになる年長者」を必要としているからなのだと思います。

多かれ少なかれ敬愛の気持を込めて「先生」とか「師匠」と呼びたくなる人、あるいは、温かな親愛の気持を込めて「おじさん」「おばさん」と呼びたくなる人、そういう年長者が、誰の人生においても、おそらく不可欠なのです。

ためしに、「先生」も「師匠」も「おじさん」も「おばさん」もいない青春を想像してみてください。それでもまだ「親」と「きょうだい」と「友だち」と「(もしいれば) 恋人」くらいはみなさんには残るでしょう。でも、その人生は、なんだかちょっと味気ないものだと思いませんか。青春時代を豊かにしてくれる、何かとても大事なスパイスや温もりが足りないと思いませんか。

私自身にも「先生」が複数います。血縁者ではないけれども「おじさん」「おばさん」と呼んでいる人もいます。そのような方々のことを思い浮かべただけで、とても心地よい、穏やかで温かい気持になります。

つい先日、私はそのような大事な「おじさん」を、おひとり失いました。とても悲しい。その私の「おじさん」の話を、今日はこれからみなさんにも聞いてもらいたいのです。おじさんのお名前は梶山弘さんといいます。でも、そうお呼びしたことなんて一度もなかったのです。いつも、ただ、「おじさん」と呼んでいました。だから、この文章でも「おじさん」と書きましょう。

中年から初老に向ってゆこうという私が、自分の青春を回想するときに、いつもその風景の片隅にいてくれる、なつかしいおじさんの物語です。

二　一九八〇年夏学期

私が大学に入ったのは、一九八〇年(昭和五五年)のことでした。もう三一年前のことですから、若い諸君にはその時代の空気が想像つかないかもしれません。

その一〇年ちょっと前までは、大学はたいへんでした。大学紛争の嵐が日本中に吹き荒れ、一橋大学も、多くの他大学同様に過激な運動に走った学生によって占拠され、封鎖されました。授業がほとんどできなかった年もあったはずですし、東京大学の入試が行われなかった年もありました。ある私立大学では、同じ頃、入試の一部をキャンパス内で実施することができず、紛争学生に妨害されないよう横浜港に浮かべた船内で行ったことすらあったそうです。

一九八〇年には、そのような嵐はすでに沈静化し、その余韻だけが残っていました。教室に入ってアジ演説（政治的アジテーション演説のことです）をしにくる人がいましたが、他大学の学生だったのではないかとおもいます。一橋大学の学生自治会も現在よりずっと盛んに活動していました。拡声器を握っているのが誰かはよくわかりませんでしたが、昼休みになると、「われわれはぁ、全労働者と連帯しぃ、……」といった特徴的なイントネーションで、演説する人などもまだおりました。入学直後には「全学スト」というのもありました。学生が授業料値上げなどに反対して「ストライキ」をするのです。なんだかよくわからんが授業がなくなるのは歓迎だというわけで、一般の「ノンポリ」学生もそれに付和雷同したりしました。「ノンポリ」というのは、「ノン・ポリティカル」つまり非政治的という英語の略です。

紛争の気配といえば、その程度の余韻だけでした。もう誰も、国会議事堂に旗をもってデモ行進に出かけたりしなかった。ましてや、ヘルメットにゲバ棒をもって機動隊と衝突しようなんていうことは、もう誰も考えもしなかった。仲間と肩を組んで、政治的な活動をすること自体が、なんとなく鬱陶しいし、メンドクサイし、どちらかというとカッコ悪いことになっていたのです。自分は一人で自由にしていたいのだから、うるさく誘わないでほっといてくれ、という時代の気分が私たちの心理を支配し始めていました。

そこにきて、当時の大学の先生方は、お世辞にも授業熱心だとは言えなかった。たとえば私の習ったフランス語の先生のお一人は「こんな少ない時間数ではフランス語など出来るようになるわけがない」と教室で嘆いていました。学生にフランス語力をつけさせるなんていうことは最初からあきらめている感じすらしました。また、当時の大御所教授の一人は、授業終了前から教室の窓の外にいつもタクシーを待たせておいて、授業が終わるとすぐ、学生の質問を受けることもなく、そのままタクシーに乗ってどこかに行ってしまいました。

そんな時代でしたから、私たちは、一種の閉塞感をもちながら、「しらけ」ていたのです。教室にも大学の外にも、若者が全身全霊をかけて打ち込めるようなものがなかったので、私たちは居心地のいいサークルの部室などで、くだらないおしゃべりばかりしていました。私自身は、国際部という英語を勉強するサークルに入り、毎日、部室にだけは出かけていったものでした。

そんな私が、昼になると仲間と一緒に毎日のように出かけて長居していた中華食堂がありました。「龍園」といいました。小平キャンパスの北門目の前にあり、佐賀出身の三十代後半の御夫妻がやっていました。その御夫妻が、この文章の主役である「おじさん」と「おばさん」です。

おばさんは、後年、正真正銘のおばさんと申し上げていい御年齢になってから、「あの頃あたしはまだ三十代だったのに、あなたたちがオバサン、オバサンって言うからさぁ、ちょっとショックだったのよ」と告白されましたが、一八歳の若者にとって三十代半ば過ぎた女性に対しては、やはり「おばさん」と呼びかけるしかなかったのです。

おじさんは、カウンターの向こうでひっきりなしにやって来る一橋生のために、ひたすら、黙々と、大きくて重そうな中華鍋を振り続けている。髪の毛は短く刈り上げ、鉢巻と前掛けをして、「いらっしゃーい」とか「どうも、ありがとねー」と出てゆく客に挨拶をするくらいで、それ以外はほとんど客と雑談をすることもなく、ただただ中華鍋を振っている。ひっきりなしに客が出入りするので、そんな悠長なことをやっているヒマはなかったのでしょう。

今思うと昼休みの龍園の店内は、本当に活気に満ちていました。「ジャジャーッ!」という威勢のいい大きな音は、おじさんが野菜を中華鍋に一気に投入した音。「ジャーーーッ」という長い連続音は、野菜や肉に油通しをしている音。とても短い「ジャッ!」とそれに続く「シャカシャカシャカ」は、料理をひとつ作り終えた中華鍋に蛇口の水をひねって、ササラできれいにする音。「チリ、チリ、チリ、チリ」は唐揚を作る音。ラーメンをゆでる大なべからは白い湯気がもくもく上がっている。カウンター越しに時々一気に立ちのぼる火と煙。そして、なんといっても、それはもう美味しそうな匂い。

あの当時、私たちは、毎日、本当に腹が減ったものでした。あんなに大量にご飯を食べた時代はその後はもうありません。

客の注文を聞いてテーブルに料理を届けてくれるのは、おばさんの仕事。おばさんも、どちらかというと口数の少ない人で、がらりと表の戸をあけて入ると、のんびりした口調で、「あーら、アオキくん、いらっしゃい」と迎えてくれる。さらに、もうひとり龍園の話には欠かせない人がいました。英単語まじりの津軽弁を機関銃のようにしゃべる愉快なお手伝いのおばさん。学生と軽口を叩きあうのが大好き。お名前は平木さん。

入り口からいったん奥に入って、反対向きに階段を昇った二階には座敷席もあって、いつでも一橋大学のいろいろなサークルの学生たちが、群れをなして陣取っていました。二階には大きなテーブルは二つしかなかったので、どのサークルが昼休みに一、二着で駆けつけてその席を確保するかは、一橋大生にとって相当の大問題でした。

当時は大学周辺にはコンビニもマクドナルドもありませんでした。でも、大学内の生協食堂に行けば、もちろん食事をすることはできました。それどころか、龍園の定食が四五〇円だったのに対し、生協はいちばん安いメニューのヤキソバなんぞは、せいぜい一五〇円くらいだったから、生協のほうがたいそう安上がりでもありました。それでも、私たちは龍園に通いました。なぜって、そっちのほうがずっと美味しかったから、ずっと楽しかったからに決まっています。

二階の座敷にはテレビがありました。平日の昼間はいつもチャンネルがフジテレビになっていて、「笑ってる場合ですよ！」という番組がいつも流れていました。出演は当時のマンザイブームに乗って一気にスターダムにのし上がった漫才師たち。B&Bが、「せーのっ、笑ってる場合ですよっ！」

とスタジオの観覧客と一緒に右手のコブシを突き上げる。そのポーズを龍園のブラウン管テレビでいったい何度見たことやら。液晶テレビなんていうものは、もちろんこの世に誕生していませんでしたし、ケータイもまだ生まれていない。アパートの自室に固定電話すら持っていない友人も少しいました。テレビの中のビートたけしが後年、国際的評価を得る映画監督になろうなんてことも、誰ひとり想像できなかった時代なのでした。

ところで、一階のカウンターの中で、ひたすら料理を作っているだけのおじさんは、日常的に客と会話をしているおばさんや平木さんに比べると、常連学生一人ひとりのことをさほど詳しくは知らなかったのではないかと思います。

でも、さいわい私は、入学してまもなく、おじさんにも名前を覚えていただきました。田舎から東京に出てきたばかりで右も左もわからない十代の青年にとって、それだけでもなんだか嬉しいことなのでした。

大学生活が始まって三ヶ月が過ぎ七月に入ると、東京は例によって猛暑。富士山麓出身の私には、初めて過ごす東京の夏は過酷でした。とりわけ暑かったそんなある日のこと。私はいつものように龍園で昼食を食べ、カウンターでおじさんとちょっとだけ会話を交わしてから、一橋学園駅に向かいました。ほとんど駅に着こうかというときに、うしろから「おーい、おーい」という声がする。振り返ると、おじさんが、必死に走ってくる。だいたい四〇歳近い中年男は速くは走れないものなのです。しかも、おじさんは、前掛けをしたまま走っているから、ますます膝が上がらない。おじさんは当時けっして太ってはいなかったけれども、なんだか「化粧回しをつけた相撲取りが、すり足で走ってくる」ような、ユーモラスな姿に見えました。おじさんの手には私がカウンターの椅子の上に忘れた封筒が握られていました。申し訳なさから、何度も御辞儀をしている私に、おじさんはその封筒を手渡すと、はぁはぁしながら、店に戻って行かれました。

このなんということのない小さな出来事以来、おじさんは、私にとって、以前よりずっと親しく感じられる存在になり、たくさんおしゃべりするようになりました。

三　一九九五年四月

小平キャンパスで過ごした二年間（一九八〇年四月から八二年三月）は、あっという間に過ぎました。私は三年生になり、ほとんどの時間を国立キャンパスで過ごすことになりました。サークルの活動でときどき小平に行くとき以外は、あまり龍園にも立ち寄れなくなりました。

そして、その頃から、私はひどく健康を害し始めました。大学四年生になって間もない頃には、大学病院に長期入院も余儀なくされてしまいました。病院のベッドの上で自分の今後の人生について考え、大学院に進学することを決意しました。

一九八四年三月に法学部を卒業した私は、さいわいにも大学院入学を許され、研究者を目指すことになりました。大学院生の五年間とその後の研究生時代の二年間の合計七年間は、私の修行時代です。

この時代は案外多忙でもありました。結婚して川崎に転居し、その翌年には長女が生まれたからです。小平に行く機会、龍園で食べる機会は、ほとんどなくなっていました。

私が初めて大学の教壇に立ったのは、一九九一年になってからのことでした。小田原にある関東学院大学法学部が二九歳になっていた私をようやく雇ってくれたのです。同大学には四年間勤めましたから、修行時代とあわせてほぼ一〇年間、龍園からは、まったくといっていいほど、足が遠のいていました。

しかし、そこに転機が訪れました。一九九五年四月、私は母校の一橋大学に助教授で迎えられることになりました。私は三三歳になっていました。

当時は、小平キャンパスから国立キャンパスへの授業の移転が完全に完了しておらず、一部の授業はいまだに小平の教室で開かれていました。私も、「法学通論」という法学部一、二年生むけの入門講義を担当することになり、週に一度、小平に通うことになりました。

一橋大学で初めて担当する講義の、記念すべき第一回。私には教室に行く前にまっさきに立ち寄りたい場所がありました。もちろんそれは龍園です。講義は午前一〇時半から始まるので、龍園の前に到着したときは、まだ開店前でした。表には「まだョ」という懐かしいプレートがかかっていました。でも、ガラス戸越しに中をのぞくと、おじさんとおばさんが仕込みを始めている姿が見える。

なつかしい思いがどっと胸にあふれ、私は「まだョ」を無視して、おもわず戸を開けて中に入りました。

おばさんが即座に、いつもどおりのちょっとのんびりした口調で、「あーら、アオキくん」とおっしゃいました。まるで、昨日も来た客であるかのように。ごく自然に、ごく普通に、一〇年前と同じようにです。私はもう名前も忘れられてしまっているのではないかと、心配していました。でも、それはまったくの杞憂でした。おじさんも、少しお歳を召されて、初めて出会ったときの精悍さを失いつつありましたが、それでもまだ、いつもどおりのおじさんでした。

講義開始時間が迫っていたので、私はごく手短かに、その春から一橋大学に教員として戻ってきたことを話し、「講義が終わったら昼ごはんを食べに来ますから」とだけ告げて教室に向かいました。

講義終了後、大急ぎで龍園に戻りました。学生時代毎日のように食べていた「ナス味噌定食」を一刻も早く食べてみたかったのです。しかし、龍園のメニューは一〇年前とだいぶ変わっていました。いちばん食べたかった「ナス味噌定食」も、もはや品書きに載っていませんでした。内心とても残念でしたが、そのことは一言も口にださず、しかたなくその日は別の定食を頼み、また来週必ず来るからね、と約束して久々の龍園を後にしました。

さて、その次の週。二回目の講義を終えて、約束どおり、また龍園に行きました。そしてメニューをみてびっくり。「ナス味噌定食」があるのです。

おどろいた私は、おじさんに

「これ、先週はなかったよね？」

とたずねました。おじさんが、ちょっと照れくさそうな笑顔を浮かべつつ、

「いや、アンタがさ、また来るようになったからさ、復活させたのよ」

とおっしゃる。

「アオキくんはいつもナス味噌だったものねえ」

とおばさん。

お二人は一五年前から私が食べていたお気に入りメニューまで、はっきり覚えていてくれたのでした。それのみならず、わざわざ私一人のために、ナス味噌定食を復活させてくれたのでした。なんだか鼻の奥がつーんとなり、涙がじわりと出てきました。

翌年の一九九六年のことだったでしょうか。私たち国際部の昔の仲間は家族づれで、「お花見龍園の会」を開きました。国立の桜を見て、そのあと小平に移動して龍園で夕食、という会でした。私たちは二階だけを借りるつもりでしたが、おじさんは、わざわざその日の龍園を全面貸し切りにして待っていてくれました。

店の前に到着すると、外に置かれた小プレートには、「で、みんな、いくつになった?」と、おじさんの達筆な字で書かれていました。私たちは三五歳前後になっていました。それは、それは、楽しい再会の宴でした。

私たちの仲間でプロの役者になった松尾淳君（芸名広田豹）が、おじさん・おばさんに乞われて色紙にサインを書き、同時に全員からのプレゼントとして招き猫をお贈りしました。広田豹のサイン色紙は、その後、閉店の時まで龍園の二階座敷に掲げられ、招き猫は一階カウンターに、同じく閉店を迎えるまで座り続けることになります。

四　二〇〇八年九月

こうして私は、また龍園の常連客となったのです。

学生時代ほど頻繁に行くことはできなかったけれども、そのかわり休日に家族と一緒に行ったりするようになりました。

龍園が閉店することを知ったのは、二〇〇八年の夏でした。いつものように龍園に食べにいくと、おばさんが、ちょっと言いにくそうに、「もう終わりにするのよ」と教えてくれました。厨房にいるおじさんも、「もう疲れちゃったからさぁ」とおっしゃっていました。たしかに、あらためてみるとおじさんは、ずいぶんと顔がでっぷりした感じになり、髪も眉毛も白くなり、一橋学園の駅まで走って私を追いかけてきてくれた三〇年近く前とは、風貌がすっかり変わってしまっているのでした。そして、その外貌の変化は、三〇年前にまだ一八歳だった私にしても、まったく同じことなのでした。

二〇〇八年九月末に龍園が閉店する間際、私たちは、ふたたび、龍園に集まりました。おじさん、おばさん、平木さんを囲んで、「サヨナラ龍園の会」と題した別れの宴を楽しみました。五〇歳近くなった私たちは、自分たちの青春の一部が失われるような、一抹の寂しさも感じていました。

龍園の閉店は、ほどなく多くの元常連学生たちの知るところとなりました。そしてそういった元常

「サヨナラ龍園の会」集合写真。学生時代の仲間たちと一緒に龍園のおじさん（梶山弘さん）とおばさん（梶山孝子さん）を囲んで。筆者は向かって左端。

連たちから声があがり、翌年には如水会館で、「龍園謝恩会」が開かれました。元常連学生に混じって、早川武彦、矢野敬幸というお二人の一橋大名誉教授も発起人に名を連ねました。

五十代半ばのオヤジから卒業したばかりの若者まで三〇年間にわたる元学生が集まった謝恩会は、だれもかれも楽しげでした。それはそうでしょう、義理で出席している人は誰もいないのです。みんな来たいから来た人たちばかり。楽しくないわけがありません。

おじさんは終始ゴキゲンで、最後は歌ったり踊ったりしていました。おばさんも、おしゃれな着物を着て満面の笑顔でした。

司会は元常連の徳永圭一君。徳永君は社会学部を卒業後ＮＨＫのアナウンサーになり、「週刊ニュース深読み」という番組などで活躍していました。さすがプロ。それはじつに見事な名司会でした。

その会の発起人代表で学生時代に龍園の大常連であった公認会計士・谷津範之さんが、それに先立ち一橋大学の同窓会の会報である「如水会々報」(二〇〇八年一二月号)に「龍園の閉店」という随想を寄稿していました。それを読んでいらした当時の杉山武彦学長が、謝恩会のあと、おじさんとおばさんに「感謝状」を贈呈してくださる、というオマケまでつきました。

感謝状はこういう文面でした。

龍園　梶山弘殿・孝子殿

あなたがたは、三十二年四か月の永きにわたり、一橋大学小平キャンパス北門前において中華料理店を営み、美味しい料理を提供しつつ、多くの学生を終始温かく見守り、そして、育ててくださいました。ここにその功績をたたえ、卒業生及び在校生一同と共に深く感謝の意を表します。

平成21年6月19日

一橋大学長　杉山武彦

この感謝状の贈呈は「龍園謝恩会」に出ていた谷津さんの「学長が感謝状出してくれないかなあ。青木は大学にいるんだから、学長のところに頼みに行ってみてくれないか」という一言から実現しました。私は谷津さんの命を受けて、ダメでもともと、いや絶対ダメだろうなと内心思いつつも、学長室まで杉山学長に面会に行きました。学長がお断りになったら谷津さんも諦めてくれるだろうと思っていたのです。ところが、予想に反して、杉山学長は、私の話をニコニコしながらお聴きになり、その場で快諾してくださったのです。「学長室にこんな楽しい話で相談に来る人は、めったにいないんだよ」とおっしゃって。

五　二〇一一年四月

二〇一一年三月。謝恩会発起人代表だった谷津さんから、思いがけないメールが届きました。おじさんが肺がん闘病中で、あまり具合がよくないらしいというのです。

私はその情報を仲間に伝えるとともに、自分に何ができるか考えていました。でも、残念ながら、私には何もできそうもないのです。せめてお手紙を差し上げることくらいだろうか、とずっと考えて何日かを過していました。

四月六日の午後のことでした。私は大学の研究室で急ぎの原稿を書いていました。でも、なんだか、無性におじさんのことが気になって、今日こそはお宅に電話をしてみようと思い立ちました。きっとおばさんが出るだろうから、おばさんに様子を聞こうと思ったのです。そして、国立の大学通りの桜も咲いたから、もしおじさんに元気があるようならば、花見にでも誘ってみようとも考えていました。だいぶ長い間ベルを鳴らして、いよいよこれは留守だなとおもって電話を切ろうとした、まさにその瞬間、「はい梶山です」とおじさん本人が電話を取りました。その声は、いつもよりずっとか弱く、そしてつらそうでした。

「おじさんが具合が悪くて療養中だとうかがったもので、心配して電話をしました。大丈夫なんですか」

と正直に話したところ、おじさんは、

「大丈夫じゃないのよ。よくないのよ」

と答えました。

「国立の桜が咲いたから、おじさん、花見でもしないかな、と思って……」と話を続けると、

「歩けなくなっちゃったのよ。誰かに抱えてもらえないと、歩けないのよ」

とのこと。

おばさんは、どうやら用事があって出かけているらしい。歩けないというおじさんにどう返答したものやら詰まってしまい、

「では長話をするのも御迷惑でしょうから、もう切ります。おじさん、どうかよく休んでください」

とだけ伝えて、電話を切りました。

その翌日、四月七日。寝耳に水の報せが届きました。

おじさんが亡くなったというのです。学生時代龍園で四年間バイトをし続けた加藤伸一さんからの

報せでした。加藤さんは同日の朝、前日の私とちょうど同じように、なんとなくおじさんのことが気になってお宅に電話し、その前夜におじさんが息を引き取ったことを知ったのでした。おじさんの逝去を知らせる加藤さんのメールに、私は言葉を失いました。

さらにその翌四月八日。ふたたびおじさんのお宅に電話をしました。おばさんの声を聞いた途端、私の目から涙が堰を切ったようにあふれだしました。

おじさんが亡くなるまでの様子は、おばさんが、たくさん話してくれました。おじさんが病気になって以来、おばさんはずっと気丈に振舞っていたそうですが、「でもね、今日になって涙がとまらないのよ」と、泣きながら、いろいろ話してくださいました。

おじさんは一月末に呼吸困難で一回入院しており、その際には医師からは、「今夜が山です」といわれるほどの状態になったこと。よほど苦しかったらしく、退院後もあのとき死ねばよかったなどと言っていたこと。でも入院させられるのをおそれて医者の前では苦しいと訴えることをいやがっていたこと。亡くなる二、三日前から、亡き御両親のことを話題にして「おじいちゃんとおばあちゃんがいまこの家に来ている」と口にしていたこと。逝去当日には、朝ごはんを食べたあと、散歩に行こうとおじさんがおっしゃり、ふたりして、おにぎりと、ヨーグルトと、いちごを持って、若い頃、お子さんたちを遊ばせた公園に歩いて出かけたこと。おじさんは、持参した食べ物をすっかりたいらげたこと。午後も、おやつのお菓子まで食べたこと。夕食はおじさんの好きなコロッケにすることにして、じゃ、作るからね、と台所に立ってパン粉の袋を開けていたら、「おーい、ちょっと来て」というので、行ってみたら、おじさんが喀血していたこと。あわてて救急搬送したが、病院に到着したときには、もう手遅れであったこと、などなど。

御通夜は、四月一〇日に、おじさんのお宅近くの「小平サポートセンター」で営まれました。おじさんの遺影は青と緑の素敵なチェックのジャケットを着て、楽しげに笑っていました。思い出の遺品や写真が飾られたテーブルの上には、サヨナラ龍園の会や謝恩会の集合写真がフレームに入れて飾ってある。おじさんとおばさんが元常連学生たちに囲まれて嬉しそうに笑っている。その隣には杉山学長の「感謝状」。そして、おじさんが趣味で愛用していたウクレレも。

弔問客の焼香がすべて終わった後も、私は会場を去りがたく、谷津さんや加藤さんと一緒に会場に残り、御親類に混じって通夜振る舞いに同席させてもらいました。おじさんの思い出話を、みんなでたくさんしました。亡くなった四月六日に御夫妻で公園に散歩に行ったとき、おじさんは、桜の木の下で大好きだった社交ダンスのステップまで踏んで見せたと、おばさんが語りました。

告別式は翌四月一一日でした。午前一〇時開式ということだったので、私は午前九時四〇分頃、会場に到着しました。するとおばさんが、私を外に出て待ち構えていらっしゃり、「アオキくん、ちょっと」と呼んでいる。おばさんはすぐに私の右手を両手で握って、「お別れの言葉をアオキくんにやってもらいたいんだけど」とおっしゃる。

前日の通夜には来ていた初代バイトの渡辺さんも、谷津さんも、加藤さんも、平日とあって来られないということで、告別式に参列できた元常連学生はたいへん少なかったのです。

そのうえ、おばさんが私の手を握ってまで頼んでくださっていることを、断るなんていうことはできません。即座に腹をきめて、「わかりました、私がやります」と答えました。

そして、さらには、午後に大学で年長の教授と面会打ち合わせをする用事を入れていたのもキャンセルし、一橋の仲間みんなの代表として、すべてを見届けることに、最後までおじさんをお送りすることに心を決めました。もし、ここで、おじさんの出棺を見届けただけで大学に戻ってしまったら、自分は一生後悔するに違いないと思ったのです。

すぐに告別式が開式となり、ちょっと読経があったのちに弔辞となりました。私はほんの一五分前まで、自分が弔辞を述べることになろうとはおもっていませんでしたから、何の準備もしてありませんでしたが、青と白の生花に囲まれて笑っているおじさんの遺影をみつめながら、思いつくままに、つぎのような「お別れの言葉」を述べました。

つつしんで、梶山弘さんに申し上げます。……でも、カジヤマさん、なんて一度も呼んだことはなかった。だから、いつものように「おじさん」と呼びます。そして、なるべく楽しく話そうとおもいます。

おじさんと初めて会ったのは、一九八〇年の四月だから、もう三一年も前のことでした。私たちは、毎日毎日、龍園の二階に陣取っては、無礼なほど長居しながら、いろいろな料理をいただきました。スタミナ定食、マーボーラーメン、ナス味噌、肉ソバ、ドライカレー、チャーハン、餃子、開化丼。みんなみんな、とっても美味かった。ウインナ焼定食っていうのもありましたよね。あれはいまいちだったかなぁ。

四月六日のことでした。私はなんとなくおじさんのことが気になって、大学の研究室からおじさんの家に電話しました。おばさんが出るだろうから、おばさんにおじさんの様子を聞こうとおもったのです。そうしたら、驚いたことに、出たのはおじさん本人でした。

「国立の桜が咲いたから、おじさん、花見でもしないかなあ、と思って……」と言うと、おじさんは、「歩けなくなっちゃったのよ。誰かに抱えてもらえないと、歩けないのよ」とおっしゃいました。その声はつらそうだったから、「ゆっくり休んでくださいね」と言ってすぐに電話を切りました。

でも、おじさんは、その数時間後にお亡くなりになってしまいました。いまとなっては、私からすれば、「虫が知らせた」のでしょう。そして、おじさんからすれば、「ひとつ青木にサヨナラを言ってやろう」ということだったんだろうとおもいます。

おじさんの人生は、本当に見事な人生だったとおもいます。おばさんに聞きましたが、亡くなったその日には、恋女房のおばさんを誘って思い出の公園を散歩し、桜の木の下でダンスのステップまで踏んで見せたっていうじゃないですか。そんなの、カッコ良すぎるじゃないの。映画の主人公みたいじゃないの。

だいたい、遺影のそのジャケットだって、なにそれ？　カッコ良すぎるよ。まるで祭壇の花の色をちゃんと計算したみたいに、コーディネートしているじゃないの。

おじさんが、私にくれた最後のハガキを思い出します。たった三行、みごとな毛筆で、

ありがとう
ありがとう
ありがとう

って書いてありましたよね。やっぱりカッコ良すぎるサヨナラの仕方だよ。

おじさんは、満開の桜の花びらの中で、ウクレレを爪弾いて、かろやかなステップで踊りながら、さわやかに、去っていってしまいました。そして、内心、おじさんは、「うふふ、今の俺の後姿、ちょっとカッコいいかな?」なんて、ほくそえんでいるにちがいありません。

おじさん。あの当時、龍園の二階で騒いでいた無礼な学生たち、当時まだハタチ前後だった私たちも、みんな五〇歳になりました。だから、おじさん、悪いけどあと三〇年、いや場合によったら、四〇年待っていてください。あと四〇年したら、私たちもみんな間違いなくおじさんのところに行くから……。

もし、天国で営業許可を得られたら、また龍園をやろう。おじさんとおばさんと、そして私たちみんなで、また楽しく龍園をやろう。

おじさん、これまで本当にありがとうございました。どうぞ、安らかにお眠りください。

告別式の後、数台の自動車に分乗して府中の火葬場に行きました。最後のお別れにあたり、おじさんの顔をごらんになったお嬢さんが、「おじいちゃん、そっくりだ」と言っていました。おじさんは亡くなった御自身の父上と、そっくりの顔をして眠っているのだそうです。

火葬が済んで、お骨を拾いました。御親類の方々にまじって、龍園の最後のアルバイト店員であったリエちゃんと私も、お骨を拾わせていただきました。最大サイズの骨壺に収まりきれないほどのたくさんのお骨が残りました。

小平サポートセンターに戻る車列は、途中、満開の桜並木を何箇所も通りました。車列の先頭にはおじさんの位牌とお骨を抱いたおばさんとお嬢さんが乗っている。おじさんは、私たちを引き連れて、ちゃんとお花見をしてくれたのだ、と私は感じていました。四月六日に私がおじさんに電話でお願いしてみたことを、おじさんはちゃんとやってくれたのだ、ということがわかりました。

車の中でリエちゃんと私は龍園の思い出話を続けました。リエちゃんはいま動物園に勤めていることがわかったので、自分が環境省の審議会委員をやっていて動物園長も何人か存じ上げていることや、『日本の動物法』という本を東京大学出版会から出していることを告げました。するとリエちゃんが「えっ」と小さく驚きました。リエちゃんは私のその本の読者だったのです。そして目の前にいる私がその著者であることに、そのとき初めて気づいたのでした。

「きっとおじさんが引き会わせてくれたんですね」

とリエちゃんがしみじみと言いました。自分の本の読者に偶然遭遇するというのは、私にとっても初めての経験でした。不思議なこともあるものです。

小平サポートセンターに再び戻り、繰上げ初七日の法要もすべて済んだあと、私はひとりで西武多摩湖線に乗って職場である一橋大学に戻ることにしました。ほんの二、三時間前には春の陽光があふれていたというのに、国立駅に降り立った頃には一転して西の空から暗雲が立ち込め、不穏な雲行きになっていました。国立駅前のロータリーの歩道を渡りきって、多摩信用金庫の前にさしかかったときのことです。一陣の激しい風が吹き、無数の桜の花びらが竜巻となって私を包み、おもわずその場に立ちすくみました。まるで、紅白歌合戦の大フィナーレのような花吹雪でした。そして、その直後、にわかに雷鳴が轟き、大学にたどり着く頃には、大粒の冷たい雨が地面を叩き始めました。

おじさんの仕掛けた去り際の演出は、あくまでも凝っていました。

感謝状贈呈の日一橋大学にて。学長からの感謝状贈呈を受けるため来学し満面の笑顔のおじさんとおばさん。

〈付記〉私はこの文章を「おじさん」が

亡くなった直後の二〇一一年四月一七日に当時のゼミ生たちに向けて書き、「おばさん」や龍園の常連だった人たちにも読んでいただいた。「おばさん」はこの文章を「おじさん」の仏壇に供えてくださった。「おじさん」の亡き後、草書体で書いた百人一首の掛け軸をもらい受けた。毛筆の達人だった「おじさん」は、龍園閉店後、御自宅で実務書道教室を開き、同時に趣味で芸術書道もたしなんでいたのである。その軸を私は大学に寄附し「職員集会所」という建物の和室の床の間に掛けてもらった。しかし、その建物は、著しい老朽化のために数年前に取壊しを余儀なくされ、今はもうない。

東日本大震災の日のスピーチ
――日本証券奨学財団奨学生修了式にて

一　二〇一一年三月一一日

二〇一一年三月一一日に東日本大震災が発生した時、私は神田一ッ橋の如水会館にいた。最寄り駅は地下鉄東西線の竹橋である。大きな揺れが東日本全土を襲った瞬間には同会館のエントランスロビーにある巨大な卵型をしたシャンデリアの下にいた。頭上のシャンデリアが激しく揺れてガシャン、ガシャン、ガシャンとすさまじい音を立てた。とっさに逃げることもできず立ち尽くした。もしあの時、あの巨大シャンデリアが落ちてきたらと考えるとぞっとする。

その日は日本証券奨学財団の奨学生修了式に来賓として招かれていた。かつて大学院生時代に同財団の奨学金をもらった私は、元奨学生の組織である「証券奨学同友会」の代表幹事つまり歴代奨学生の代表役をつとめていた。地震発生が一四時四六分。式典は一五時ちょうどから開式の予定であった。私は来賓の一人として祝辞を述べることになっていた。

来賓待合室に入るとさかんに余震が来る。大きな揺れが来ると窓のすぐ外に見える首都高速の道路照明灯が激しく首を左右に振った。財団の奨学生は北海道大学から九州大学まで日本中から選ばれている。皆その日は式典のために上京しており、すでに会場に着席しつつあった。いったいこのまま開催できるのかと思ったが、予定通り一五時から修了式を挙行することになった。如水会館からはすでに、危険なのでむやみに外に出ず館内に留まるように、という案内が館内放送で行われていた。

式典が始まっても余震が頻繁にきた。スーツ姿でお行儀よく着座している奨学生たちは、そのたびに不安そうに上を見上げた。ほどなく吐き気を覚えて退席する女子学生も出た。それでも式典は続行された。

その時点では、あのような大惨事が東北地方で起きていることを、私自身も会場の学生諸君も、如水会館のスタッフも、誰ひとり知らなかったのである。

開式後まもなく私の祝辞の番が来た。私は困惑しつつも準備していた祝辞を述べるしかなかった。私は次のようなスピーチをした。

二　私のスピーチ

みなさん、こんにちは。御紹介いただきました青木人志です。私は大学院博士課程のときに本財団の奨学金をいただき、現在は元奨学生の組織する証券奨学同友会の代表幹事をつとめております。みなさんに祝辞を申し上げなければならないのですが、じつは、いまとても困っております。

なぜかといいますと、私は今日とてものんきなスピーチをするつもりで、この会場にやってきていたからです。開式直前にあんなに大きな地震がくるとは。そしてこんなふうに余震がずっと続くとは。まさかこんな不穏な空気のなかで祝辞を述べるハメに陥ろうとは、思いもよりませんでした。

地震の詳しい状況はまだわかりませんが、さっきの揺れの大きさからすると、まちがいなく東京の交通機関はすべてもうストップしています。つまり、もし、ここで私が話をやめたとしても、今はもうどこにも移動できないでしょう。おまけに、さきほど如水会館からの御案内にあったように、今はむやみに外に出るとかえって危険で、この建物の中にいたほうがずっと安全なようです。

そんなわけで、みなさんはいま怖くて不安でしょうが、あえて、予定したとおりの、のんきな話をさせていただくことにします。

私は二週間後に一橋大学の学生を一〇名ほど連れて、中国に行く予定があります。北京の中国人民大学に行くのです。中国の大学の先生や学生諸君と御一緒すると、中国のみなさんは、興に乗ってくるとよく歌を歌います。しかし、私たち日本人は、カラオケで画面に出てくる歌詞を見ながら歌うことはあっても、歌詞をぜんぶ暗記していて人前で伴奏もなしに歌えるものとなると、あんがい少ないものです。そんなわけで、「さあ日本人も歌ってくれ」と言われると、困ってしまう。中国の人と同席した場で、そういう経験をしたことが、すでに複数回あります。

今回はそういうことがないようにと思って、数日前に書店に行き、中国に持ってゆく歌集を探しました。「旅行にもって行きやすいコンパクトな大きさで、しかも自分の知っている歌がいちばんたくさん載っている本」を探したところ、その条件に合ったのは、『フォークソング集』（野ばら社）という本でした。いまここに持参している、この小さな本です。

私は一九六一年に生まれ、今年、ちょうど五〇歳になるのですが、いわば「フォークソングの時代」に生きてきた、というわけです。五〇年というと半世紀ですから、その間やはり相当の時間が経過していて、ふと気づくと世の中はものすごく大きく変わってしまっています。五〇年間というのは、そういう歴史意識を覚醒させるのに十分な時間です。

歴史というと、世界史や日本史の教科書にあるような、固有名詞が出てくる歴史、つまり誰がいつどこで何をした、というような歴史をイメージしがちです。たしかに、私はケネディ大統領や毛沢東を知っていますし、川端康成や、三波春夫だって知っています。東京オリンピックはほとんど記憶にないですが、札幌オリンピックならいろいろな場面を今でも鮮明に思い出すことができます。

しかし、そういったことではなく、むしろ、固有名詞の出てこない時代の変化、たとえば、社会の価値観の変化や、人と人の結びつきのあり方といったものの変化のほうに、自分の生きてきた時代を振り返ると、あらためて大きな驚きを覚えるのです。

この『フォークソング集』という、なんということのない本にも、パラパラと眺めてみて、そういう感慨を覚えました。

私が今回あらためて気づいたことが、二つあります。

この本の歌は年代順に並んでいます。フォークソングの定義はいろいろあるでしょうが、この本に載っている歌がすなわちフォークソングだとすれば、それは、ちょうど私が生まれた今から五〇年前、一九六〇年初め頃に誕生し、二〇年足らずの間隆盛を誇ったものの、私が大学に入った一九八〇年頃には、もうほとんど滅びかけていたようなのです。

『フォークソング集』（野ばら社，2006年）

これが気づいたことの一つ目です。

もっと具体的にいいましょう。この本の最初に収録されている歌は、私の生まれた翌年の一九六二年に発表された「遠くへ行きたい」です。そして、その後、一九六〇年代、七〇年代の歌がこの本の大部分を占め、八〇年代の歌となるとその数は激減します。しかも、八〇年代の歌は高橋真梨子さんの「桃色吐息」で終わっている。この歌は一九八四年発表です。ちょうど同年、私は法学部を卒業しました。これが『フォークソング集』の「最後から数えて二曲目」の歌なのです。「桃色吐息」のあと、つまり、一九八〇年代後半からこの本が発行された二〇〇六年までの歌で収録されているのはたった一曲だけです。それは井上陽水の「少年時代」。一九九〇年の歌です。これがこの本の最後の歌です。

もともと日本における「フォークソング」は、若者の苦労、野心、努力、目標といったものをモチーフにし、強い連帯のメッセージを帯びたものだったのです。でも、その歌詞が年を追うごとに変質してゆき、歌の中の主人公は野心やエネルギーや社会的使命感をみるみる喪失し、それとともに「フォークソング」というジャンル自体が滅びていったらしいのです。これが、気づいたことの二つ目です。

この点について、具体的な例を挙げながら説明いたします。

『フォークソング集』の冒頭を飾る歌は、すでに述べたように、永六輔さんが作詞した「遠くへ行きたい」です。

この時代の日本は貧しかった。海外旅行なんてものには、庶民はそう簡単には行けなかったのです。一ドル＝三六〇円の時代ですから。

たとえば、私自身は、貧しい家に育ったわけではなく、むしろ父はサラリーマンとしては高給取りだったとおもいますが、小学校二年生になるまで家には電話がありませんでした。それは私の世代の者にとっては、ごくごく普通のことだったのです。ちなみに、私が飛行機に初めて乗ったのは二四歳のとき。海外に初めて出かけたのは三〇歳を過ぎてからです。私はもう大学の教員になっていました。みなさんはどうでしょうか。おそらくこの会場の諸君の多くは、複数の外国に行った経験がおありではないでしょうか。親御さんのお仕事で子供の頃かなりの長期間にわたり海外に暮らしたことがあるという方も、みなさんの世代にはとても多いはずです。

そういったみなさんには、この歌の、「遠くへ行きたい」という、焦がれるような思いが、どこまでリアリティをもって理解してもらえるでしょうか。みなさんは、「もう遠くに行ってしまった」世代なのです。あるいは、インターネットの発達などにより、「遠い場所そのものがなくなってしまった」世代なのです。それは幸せなことか、不幸なことか、私には判断がつきません。

一九六三年には、同じく永六輔さんの「見上げてごらん夜の星を」が生まれます。

この歌詞をあらためて読み直してみると、私には、一種のノスタルジーのような感情が、切なくわきおこります。私が幼かった頃の日本人は、みんな頑張っていたんだなあ、というあの感情です。敗戦からまだ二〇年も経過していなかった時代なのですから、まだまだ苦しかったにちがいない。でも、手をつないで、さびしさに耐えつつ、夜空を見上げて、夢を抱きしめながら、つつましく暮らしていたのでしょう。

この歌を歌った坂本九さんは、「九ちゃん」というニックネームで親しまれた国民的歌手でしたが、一九八五年に運悪く御巣鷹山に墜落した日航機に搭乗していて、亡くなりました。みなさんの世代はもうご存じないことかもしれないので、一言付け加えておきましょう。「キューちゃん」はいまやマラソンの高橋尚子さんの愛称ですが、私の世代より年長者には、まずなによりも坂本九さんの愛称だったのです。

同じ年に大ヒットしたのが「明日があるさ」です。この歌は青島幸男さんが作詞しています。青島さんは、のちに政治の世界に入り、東京都知事までつとめました。これまた歌ったのは九ちゃんです。

この歌の主人公は好きな女の子を駅で待ってその後をつけてゆくんです。こういう男を、現代では一般に「ストーカー」と呼びます。

でも、この歌は、そういった否定的なニュアンスとは無縁です。あくまでもしつこく、どこまでもあきらめない、じつに暑苦しいとしかいいようのない男が、明るく肯定的に歌われているのです。

この時代の若者は、みんな眼前に「一筋のはるかな道」を見ていたのです。加山雄三さんの歌った「旅人よ」の歌詞にもそれが表れています。一九六六年の歌で、作詞は岩谷時子さんです。若者は、あくまでもふるさとを離れて、「いのち果てるまで」旅してゆく存在だったのです。

同じ年に発表された「若者たち」も似た雰囲気の歌です。私の世代はよく歌いました。私の故郷の山梨県の小学校でも、「終わりの会」や「朝の会」の中で、みんなで歌ったりしたものです。果てしなく遠い道を歯を食いしばって行く歌です。なんというけなげさでしょうか。

同じ年の歌で塚田茂さんの作詞した「銀色の道」にも同じ空気が流れています。歌ったのはダークダックス。はるかな道はつらいだろうが頑張って、立ち止まることなく延々と登り続けて行こうとします。

こういった、明るく頑張る奮闘の歌は、一九六〇年代の後半、大学紛争の騒然とした時代になると、やや違った側面を見せ始めます。

たとえば岡林信康さんの「友よ」の歌詞には緊張感が漂っています。不穏な空気が流れています。おそらく「友」はゲバ棒をもってヘルメットをかぶり、顔をタオルで隠しています。ちなみに「ゲバ棒」はいまやもう死語になりました。機動隊や対立する政治セクト集団と戦うときの武器となる長い角材や鉄パイプをこう呼んだのです。「ゲバ」というのは、ドイツ語で「暴力」を意味する「ゲバルト」の略です。戦いの現場に身を投じた友と私は、「明日こそ革命が成る」と信じて、自分を鼓舞し、権力を相手に戦う内心の恐怖を隠しながら、「連帯」の歌を歌い励ましあっているのだと私には思えます。

私たちの世代は、この歌を小中学校の合唱コンクールでまったく無邪気に歌ったりしていましたが、本当はきっと、そういう「アブナイ歌」なのだろうとおもいます。

同じ六八年の歌には、タイトルも歌詞も時代性を感じさせるものが他にもあります。五木寛之さんが作詞し、加藤和彦さんや北山修さんの「ザ・フォーク・クルセダーズ」が歌った「青年は荒野をめざす」です。すさまじい決意を語る歌です。幸せも、恋人も、ふるさとも、ちっぽけな夢も、みんなみんな犠牲にして、わざわざ苦しい不毛の荒野をめざして、仲間と一緒にあえて行こうというのですから。その先に個人の幸せなどを越えた「人類の大義」や「社会的な正義」といった大いなるものがあると信じているからでしょう。

ちなみに、私は、この歌が発表された年には小学校二年生でした。その私の世代は、恋人も、ふるさとも、ちっぽけな幸せも、そう簡単には捨てられない世代になっていると、断言できます。

このような、がむしゃらに頑張り苦悩する若者の歌、大義のために仲間と連帯し、果てしない苦難の道を進もうとする歌は、一九七〇年頃から変質し始めます。

たとえば、七〇年の「翼をください」。この歌も、私たちの世代にはよく歌われたものです。この歌の主人公には、もはや「明日があるさ」の主人公のような、むんむんと体臭がにおうようなバイタリティを感じません。また、「友よ」の主人公のような、仲間と肩を組み合って、自己犠牲をいとわず社会を変革してゆこうという、騒然とした時代のエネルギーも感じません。現実社会の矛盾としゃかりきになって戦うのではなく、自分は富も名誉も要りませんという主人公は、「悲しみのない自由な空」に翼を得て飛んでゆきたい、というのです。この歌に出てくる「悲しみ」や「不自由さ」はなんとなく抽象的です。その意味で、社会の現実をあまり直視していない感じがします。でもその代わり、成熟し始めた、そして、日本全体が豊かになり始めた時代の、人心のやわらかさや余裕を感じる歌になっています。

翌一九七一年には、大学紛争の時代に「青年は荒野をめざす」を歌っていた北山修さん作詞による「戦争を知らない子供たち」が出てきます。平和の歌を口ずさむ「僕等」は、「戦争を知らない子供たちさ」と明るく自己紹介し、社会の理不尽に暴力で立ち向かうことなく、「涙をこらえて歌う」だけだと恥じらうことなく宣言します。

ここに、明らかな時代の価値の転換点を見る思いがしますが、それでもなお、この歌は、それ以前の時代と同じ性質を帯びているように私にはおもえます。

それはどういうことかというと、やはりこれは「社会的連帯の歌」なのだということです。「戦争を知らない子供たち」が「僕等」と歌っていることは偶然ではありません。涙をこらえて、平和の歌を歌うだけの、そういった「世代を同じくする仲間たち」との強い連帯を表明した歌だからです。

こういった連帯感が喪失してゆく兆候は、すでにいま紹介した「翼をください」の歌詞にも現れていましたが、それをはっきりと、自覚的に破壊した歌い手のひとりが、井上陽水だとおもいます。

私の世代は、井上陽水の登場を、いわば「リアルタイムで」経験しました。そういう意味で、陽水は「われらの歌手」のひとりです。二年ほど前に井上陽水のコンサートに行ったことがありますが、私と同年代か少し上の年齢と思われる人たちでホールが埋め尽くされていたのも、大いに納得できることでした。

「夢の中へ」の歌詞を思い出してください。「探しもの」、つまり、自分に不足している点だの、問題意識だの、自己の課題だの、目標だの、そういったものをいつまでも探していないで、もうこの際そういうのは探すこと自体をやめてしまって、楽しく夢の中で踊りませんかというのです。

刹那主義、個人主義、快楽主義、自己肯定主義が、自己犠牲や社会的連帯や団結や抵抗を静かに駆逐し始めます。

そうなると、もう自分の「小さな世界」しか、切実な興味対象はなくなってしまうのです。七三年の大ヒット曲、「神田川」の歌詞はその代表例です。この歌は女性の立場から過去の恋人との貧しくつつましい暮らしぶりを回想する歌です。その恋人男性はあくまでも優しく覇気などは微塵もない。

もしかしたら「神田川」の主人公たちは、たとえば「友よ」「戦争を知らない子供たち」のような、強い社会性のあるメッセージを、肩を組んで歌っていた世代に属するのではないでしょうか。しかし、いまや、その彼らが、過去のこまごまとした私的日常を回想している。仮にそうだとすると、「あの時私たち、俺たちが目指していたカクメイは」とか「みんなで髪を伸ばして反戦歌を歌ったよね」などと語り合う気分ではなくなってしまっている。

フォークソングは、この頃を境として、「現在の歌」ではなくなってしまい、「そうそう、そういうことってあったよね」という、「思い出話の歌」になってしまったのかもしれない。

このことは七五年の「我が良き友よ」をみると、いよいよハッキリします。吉田拓郎の歌詞を読むと、昔はよかったという年長世代の歌であることは一目瞭然です。この歌の主人公たちはどのくらいの世代でしょうか。間違いなく私よりだいぶ年長です。だって、私の世代の若者は、もはや下駄履きではなく、腰に手ぬぐいをぶら下げておらず、臭い学生服も着ていなかったからです。

大学の卒業アルバムを年代順に見ていると、ある年までは、男性全員が学生服で写っています。それがある年代から、応援部とか体育会とかそういった独特の趣味の人たちを除き、学生服ではなくなります。この歌の主人公は学生服世代の人ですから、私より少なくとも一五年以上は年長だと思います。

同時代性が命であったフォークソングはもう瀕死状態、「いまわのきわ」にあることが、この歌からうかがえます。

それに代わる新しい歌も、いちおう『フォークソング集』には載っているのですが、「なんだかなあ」という感じなのです。

たとえば、七八年の「HERO」。この歌は、私が高校生のときに大ヒットしました。生きることは「ワンナイトショーで踊ること」だという主人公は、キザな言葉遣いで、かなり自己顕示の強いタイプに思えます。少なくとも私は、この方とはあまり友だちになりたいとは思わない。

今考えると、この頃、日本には、バブル時代の狂騒が静かに忍び寄ってきていたのです。いかにも、そういう時代の空気をはらんだ歌だと、私は感じるのです。

やはりフォークの時代は終わったのです。

付け加えをひとつだけ。『フォークソング集』に載っている最後の一曲。この二五年間、あるいは平成になってからの、唯一のフォークソングだとこの本で認定されている、われらの時代の歌手であった井上陽水の「少年時代」。これも少年が自分自身を歌った歌ではないことは間違いないようです。この歌の歌詞には、よくわからないところが多々ありますが、熟成した上等の言葉が、静かに、そして穏やかな表情で連なっています。あたかも古老が枯れた声で語る回想談を聴くような、深い味わいが、そこにはあります。

「我が良き友よ」で、「昔は良かった」とグチをこぼしていた人が、さらにいちだんと年をとって、鏡のような、波一つない心で、自分の少年時代を穏やかな感慨とともに回想できるようになった。そんな歌に思えます。

じつに『フォークソング集』の最後を飾るのにふさわしい「フォークソングへのレクイエム」だとおもいます。

と、まあ、以上のようなことを、私はこの小さな『フォークソング集』から考えました。

これまで、ところどころ述べたように、私自身はフォークソングとともに育ったけれども、フォークソングの主人公とは価値観がもうずれてしまった世代に属しています。

今も昔も、いつの時代も、人々やマスコミは若い世代の悪口を言うのが好きなものですが、私の世代は、「しらけ世代」といわれていました。

だから、私たちも、フォークソングの主人公のような年長世代とは違って、若い時代に何かはっきりとした道筋が見えていた世代ではないのです。フォークソングの世界が終わった頃に大人になり、どう生きたらいいのかよくわからない時代、先行きがどうにも不透明な時代に、生きることを余儀無くされてきた世代なのです。

そういう意味で、私は、親子ほども年が離れたみなさんと「同じ側」にいる人間でもあるのです。このような「生き方が難しい世代」の先頭に位置する者のひとりとして、私はみなさんひとりひとりが、自分なりの確固たる生き方をみつけられることを、心からお祈りいたします。

御清聴、ありがとうございました。

不穏で異様な雰囲気の中で式典はすべて終わった。

しかし、予期したとおり、ほとんどの交通機関が止まっていた。もはや帰宅するすべはない。ただし、私と奨学生諸君は幸運だった。その式典には終了後、立食パーティが予定されており、すでにその準備が別室に整っていたからである。大きな揺れに襲われたとはいえ、如水会館は停電も断水もしなかった。パーティも予定どおり行われ、みな温かい夕食にありつくことができた。

パーティが終わっても、もう移動はできない。徒歩で行けそうな近隣のホテルの予約を試みる人もいたが、無駄であった。どこのホテルもすでに満室か、あるいは営業そのものを停止していた。そのうち携帯電話での通話もできなくなった。そんな中、如水会館に一台だけある公衆電話が機能していることがわかると、その前に順番待ちの長い列ができた。夜のニュースでは仙台空港に津波が押し寄せ軽飛行機がいとも簡単に流されてゆく映像が繰り返し流れた。誰もかれも無言で映像を見つめ、息をのんでいだ。そのニュース映像により、初めて事態の深刻さを目の当たりにした。その中には東北大学の奨学生もいた。彼らの心情たるや想像を絶する。

如水会館の職員さんの働きは素晴らしく、ありがたかった。しばらくすると大ホール（スターホール）と中ホール（富士の間）の床に白いテーブルクロスが敷き詰められ、一晩を明かすための男性用・女性用の臨時避難所をそれぞれ作ってくれた。それだけで十分すぎるほどありがたかった。おまけに会館のスタッフはホールの外のテーブルの上に冷たい水とポットに入った熱湯を途切れることなく準備し続けてくれた。

異常な事態の興奮はそれだけでエネルギーを使うものなのだろう。夕方のうちに立食パーティで腹拵えをしたはずなのに、夜になるとすぐに腹が空いてきた。若い学生諸君もどうやら同様であった。修了式に集まった学生たちは学部と大学院を合わせても各大学二、三名のはずなので彼らのほとんどが相互に初対面に近い。そんな学生たちの間に自然とリーダーが生まれた。如水会館付近の土地勘のある上智大学の奨学生であった。彼の指示のもと学生たちは何グループかに分かれて、近隣のコンビニに買出しに行き、カップ麺などを買えるだけ買って戻ってきた。

私は日本証券奨学財団の岩﨑輝一郎理事長と一緒にその一部始終を見ていた。理事長は野村證券の元副社長で御高齢である。御自宅は帰ろうと思えば如水会館からは歩いて帰れる場所だとうかがった。しかし、学生を残して理事長の自分が帰宅するわけにはいかない、とおっしゃり、学生たちと一緒に夜を明かすと決めていらした。緊急事態下に学生たちの間に自生的にリーダーと組織が生まれ、てきぱきと買い出しを行ってきたのを目の当たりにした理事長は「頼もしいですなあ」と私にささやいて目を細めた。この学生たちに奨学金を出して本当に良かったと実感なさっていたのだろう。

そうこうすると如水会館にスーツ姿の一橋大生たちが続々と集まってきた。三月一一日は就職活動の真っ盛りである。一橋大生の中にも丸の内付近で会社訪問をしていて地震に遭った学生が相当いた。

私が良く知っている学生もそこに混じっていた。話を聞いたところTwitterのおかげですと答えた。「いま如水会館に行くと泊まれる場所がある」という情報が流れてきたので、それを頼りに皇居に沿って歩いて来たという。

同じ頃、参議院職員として国会議事堂に勤務していた私の妻も、帰宅できずにいた。妻とはなんとかメールで連絡が取れた。妻もまた皇居の周りを永田町から歩いて如水会館にたどり着いた。

一夜明けると中央線が動き始めた。駅に向かう途中外壁が一部壊れた建物もあったが、東京のインフラは大破壊をまぬかれ、私たち夫婦はなんとか国分寺市の自宅に帰りつくことができた。なお、私たちの大学生の娘は、電車に乗っていてちょうど吉祥寺駅に着いたところで地震に遭った。彼女は幸い吉祥寺駅付近のマンガ喫茶で一晩を過ごした後、私たちと同じように翌日になって帰宅することができた。

四　ゼミ卒業生に贈る「はなむけ」の言葉

二〇一一年三月一一日は、歴史的な日になってしまった。東日本大震災発生から二週間後、地震の巨大なインパクトがますます明らかになった頃、地震発生直後に私自身が若者に語っていたことを、ぜひ書き起こして記録に残しておきたいという衝動に駆られた。スピーチには原稿は作っていなかったが、幸いその構成メモが手元に残っていた。それを見ながら、当日の私の話を急いで再現したのが、二に書いた内容である。

なお、私のスピーチの冒頭に述べた学生を引率しての中国行きは、すぐに取りやめを決めた。訪問予定だった中国人民大学からは、大震災の被害に対する、ねんごろなお見舞いの言葉が届いた。

震災後、私は、本来の意味での「フォークソング」の時代が、再来するかもしれないと考え始めた。自己犠牲、苦闘、連帯、努力、夢。そういったものが強い社会的共感を呼ぶそういう時代がまた来るのではないかと。

そんなことを考えながら、文章に再現したスピーチを震災直後に卒業したゼミ生たちに贈った。その年は卒業式も中止になったので、せめてもの「はなむけ」であった。

私のゼミは例年女子学生が比較的多い。彼女たちにもこの日のスピーチを贈るにあたり、あらためて気づいたことがあった。それは従来の「フォークソング」には、「女性のアンビション」を歌ったものがほとんどなかった、ということである。一筋の道を行く若者、荒野をめざす青年、大義のために自己を犠牲にして社会変革を成し遂げようとする人々、それらは、つねに、男性としてのみ歌われていた。

もし、新しい時代のフォークソングが今後力強く生まれてくるとしたら、そこには、「女性のアンビション」の歌も含まれていてほしい。私はまもなく社会に出てゆこうとする女子ゼミ生たちのことを想いつつ、「はなむけ」の文章にそう付記した。

法という「劇場」
——法ができるドラマ、法の上のドラマ

一　自己紹介

本日は「法という『劇場』」というタイトルでお話をさせていただきます。まずは自己紹介をいたします。

私は一九六一年（昭和三六年）に、ここ富士吉田市の下吉田で生まれました。私の家族は、一九六〇年（昭和三五年）に富士吉田（青木注・たんに吉田ともいう）に移住しました。東京のシチズン時計本社の経理部にいた父が、河口湖町が誘致した時計工場の創立部隊の一員として派遣されたのにともない、一家でやってきました。古い吉田の表現でいえば「よそもん」ということになりますが、末っ

子の私は移住後に生まれております。つまり家族の中で私だけは「吉田生まれの吉田育ち」でありますから、ここ富士吉田市こそが正真正銘の故郷ということになります。

懐かしい故郷でこのような講義をさせていただける機会が得られて、まことに光栄です。御来場の皆様、また、ご準備くださった皆様に感謝申し上げます。

今日は私の幼馴染み、半世紀も前のクラスメート、さらには私の家族が長年お世話になった方々のお顔も見えます。「みんな、ただいま！」といえば、会場から「おかえり！」という声が返って来るのではないか、と思ったりします。（会場から「おかえり」の声とともに拍手あり。）ありがとうございます。もうこれで私の二〇二三年は終わってもいいような気分です。「みなさまよいお年を」と言って帰りたいくらいです。（会場笑。）

講演というのは見知らぬ方の前でやることがほとんどで、多かれ少なかれ緊張するものですが、こんなアウエー感のない講演は初めてです。ほんの少しアウエー感があるとしたら、会場を見渡すと、どうやら還暦を過ぎた私がこの会場ではかなり若いらしい、ということだけです。さらには演壇には「河高卓球愛好会」のみなさんから花まで出していただきまして、ありがとうございます。まるで芸能人になったような気分です。会場のみなさんの御年齢を考えると、さしずめ「綾小路きみまろ」さんになったような気持です。（会場笑。）

私の名は人志といいます。兄二人は健太郎、康太郎といいますので、普通三人目も「なんとか太郎」だろうと思うのですが、私だけ太郎がついていません。その理由は、両親が落胆のあまり名づけを放棄したからなのです。父にいたっては、あとあとまで私に「お前は京子になるはずだった」と残念がっておりました。（会場笑。）私の名づけ親は、母がお産をした下吉田の奥脇産婦人科医院のお医者様、奥脇規久男先生です。

幼い頃の家は旭町にありました。この会場のすぐ近くです。月江寺幼稚園に通っているときに中央自動車道が家のすぐ脇にできました。なつかしいですね。あの頃の富士吉田。市立病院ができたときエレベータという珍しいものがあると聞いて、用事もないのに兄貴たちと乗りに行きました。迷惑な話だったと思います。また、そのあとスーパーの「忠実屋」ができたときは、エスカレータにも乗りに行きました。つまり当時はエレベータもエスカレータもないような街だった。

でも、活気はありましたよね。いたるところで自動織機の音が景気良く「がっちゃん、がっちゃん」と響いていた。私の子ども時代は高度成長期と重なりますから、クリスマスイブには、飲み屋街の西裏地区でさんざん酔っ払った人たちが、浮かれた様子で月江寺通りを歩いていた。そんなことをいまでも覚えています。

二　過去と現在、個人と社会

このようにすぐに過去を振り返るのが、老人になった証拠であります。（会場笑。）しかし、歴史の動きや流れを、みずからの実体験に照らして、実感をもって語れるということは、若者には絶対にできない、老人のもつ、すぐれた能力であります。今日は、法律にまつわる歴史的人間ドラマの話をいたします。皆様には、どうかご自身の人生体験と重ね合わせながら、聴いてください。そしてその際に、「過去と現在、個人と社会」という対比軸を意識していただけると幸いです。

E・H・カー（Carr）というイギリスの歴史家がケンブリッジ大学で行った有名な連続講演に「歴史とは何か」というものがあります。その中には、次のような印象的な言葉があります。「歴史とは過去と現在の終わりのない対話なのです。」「人々の行動は、真空の中の孤高の個人たちの動きではありません。人々は過去の、ある社会の脈絡の中で、それに推されて行動したのです。」

本日の講義の中は、カーが抽象的な言葉で一般化したこの認識に、法律の世界の実例を用いて、生き生きとしたイメージを与えたいと考えております。

三　刑法四三条の規定

さて、本日の話の舞台となる法条文は、刑法四三条です。刑法という法律には、犯罪のカタログが書かれております。たとえば殺人罪であれば、「人を殺した者はこれこれの刑を処す」というような形で書かれています。犯罪が最後まで遂行されて、意図した結果が発生したことを想定して書かれている。法律用語でいうと「既遂」の形で書かれています。そのうち、一定の犯罪については、結果が発生する前の「未遂」も処罰されます。四三条はその未遂の定義と処罰の重さについて定める規定です。現在の刑法四三条はこうなっております。

「犯罪の実行に着手してこれを遂げなかった者は、その刑を減軽することができる。」

ここでは、二つのことに注目してください。

一つ目は、「実行に着手すること」が未遂処罰の前提であることです。これを法律学の言葉で「実行の着手」といいます。実行の着手は未遂概念の中核要素です。実行の着手があるが「遂げない」つまり、結果が発生しないことが、未遂の定義なのです。

二つ目は、未遂の処罰の重さです。「その刑を減軽することができる」となっています。だれがその判断をするかというと裁判官です。裁判官は未遂の場合は刑を減らして既遂より処罰を軽くすることができる。「できる」という表現は、「してもいいし、しなくてもいい」という意味です。つまり減軽するかどうかは裁判官の任意なので、このような規定の仕方を「任意的減軽」といいます。任意的減軽とちがって、「必ず軽くする」場合もありまして、それは「必要的減軽」といいます。不自然な日本語に聞こえるかもしれませんが、法律学ではそのように呼びますので、この言葉をこの講義でも使わせていただきます。

やや専門的な解説を加えますと、法律の条文にはどのような犯罪にはどのような刑罰を科すかが、書かれています。条文に書かれている刑罰を「法定刑」といいます。法定刑は幅があります。たとえば殺人罪であれば、「人を殺した者は、死刑又は無期若しくは五年以上の懲役に処する。」とたいへん幅の広い刑罰が書かれています。裁判官は最後に、たとえば懲役何年というピンポイントで刑を言い渡します。それを「宣告刑」といいます。この法定刑と宣告刑の間に、「処断刑」という概念があります。法律上一定の条件があれば、法定刑の幅をより重くしたり、軽くしたりすることができるのです。裁判官がその操作を行った後の一定の幅をもった刑罰を「処断刑」と言います。裁判官は「法定刑」を、法律が認めるルールに従って操作し、その上限・下限を重くしたり軽くしたりした「処断刑」を導きだし、その幅の中から「宣告刑」を言い渡します。

重くする場合は省略しまして、軽くする場合だけを話しますと、たとえば、被告人が是非善悪を判断する能力やそれに従って行動を制御する能力を著しく失っていた場合は、必ず刑を減らします。この状態を「心神耗弱」(しんしんこうじゃく)といいます。そのほか、たとえば自首をした場合や未遂に終わった場合などは刑を減軽することができる。心神耗弱の場合は必要的減軽ですが、自首や未遂の場合は任意的減軽です。刑を減軽すると、処断刑の上限と下限は、ともに法定刑より下がります。

本日の話題である「未遂減軽」は、裁判官が刑罰を決めるプロセスの中で法定刑から処断刑を導き出す段階の話ということになります。

と、まあ、以上のようなことを私は法学部生に講義しているわけですが、みなさんワクワクしていらっしゃいますか? しませんよね? もし、この段階で超絶エキサイティングな話だと思えた方がいたら、むしろこっちがビックリです。(会場笑。) 刑法四三条、条文そのものは、無味乾燥です。それが普通の感覚だと思います。ただ、その規定をめぐっては味わい深い人間ドラマの歴史が隠れています。これが今日の本題です。

四　刑法四三条をめぐる五人の人々

今日は刑法四三条に関わる五人の人々の話をいたします。

一人目は、御存知、ナポレオン（一七六九―一八二一）です。お手元に人名解説を配ってあります。取り出して御覧ください。こう書いてあります。

「コルシカ島生まれの軍人、のちフランス皇帝。パリ士官学校卒業後、一七九三年トゥーロンの反革命運動や九五年王党派の反乱を鎮圧して抜擢され、九六年イタリア方面軍司令官、九八年エジプト遠征軍司令官となった。九九年ブリュメール一八日のクーデタで総裁政府を倒し、統領政府を樹立して第一統領となり独裁権を握った。一八〇二年終身統領、〇四年皇帝に即位した。対外戦争などの勝利でヨーロッパのほとんどを支配下・勢力下に置いたが、やがてナポレオンの支配や政策に対する反発が高まり、最終的に一五年ヨーロッパ諸国との戦いに敗れた。流刑先のセントヘレナ島で二一年に没した。」

この解説は、歴史を学ぶ高校生に昔から最も人気のある用語集、全国歴史教育研究協議会編『改訂版・世界史用語集』(山川出版社、二〇一八年）から拝借しました。現代の高校生は、ナポレオンについて、こんな風に教わるわけです。

二人目はボワソナード（一八二五―一九一〇）です。全国歴史教育研究協議会編『改訂版・日本史用語集』（山川出版社、二〇一八年）の人名解説はこうなっている。

「フランスの法学者。明治政府に招かれて一八七三年に来日。刑法・民法などを起草。また井上馨の条約改正案の外国人判事任用を批判し、反対運動に影響を与えた。二二年間滞日して一八九五年に帰国した。」

条約改正案というのは、当時日本政府が欧米列強と結ばれていた不平等条約の改正案のことです。幕末から明治の初めにかけて、日本は多数の欧米列強との間に不平等条約を結んでいました。領事裁判権、つまり日本に駐在する欧米外交官が自国民の裁判を行うという、治外法権を認めていた。その相手は、アメリカ、オランダ、ロシア、イギリス、フランス、プロイセン、スイス、ベルギー、イタリア、スペイン、デンマーク、スウェーデン、ノルウェー、オーストリア＝ハンガリー帝国といった国々です。欧米諸国には、当時の日本は対等な文明国とはみなされなかった。日本の法と裁判は信用してもらえなかった。そのため外務大臣の井上馨は、裁判所に外国人判事を過半数任用しようとしたのです。ボワソナードはフランス人でありながら、日本政府の姿勢に憤激しました。ボワソナードは日本の当時のリーダーたちに、主権国家の誇りを思い出させてくれたのです。お雇い外国人ではありますが近代日本の法と裁判所にとってボワソナードは「恩人」と言ってもよい人です。

三人目はニコライ二世（一八六八―一九一八）です。山川の世界史用語集ではこうなっている。

「ロマノフ朝最後の皇帝（在位一八九四～一九一七）。シベリア鉄道を完成し、極東進出をはかったが、日露戦争の敗北で挫折した。一九〇五年の第一次革命では皇帝権を維持したが、第一次世界大戦中におこった二月革命で退位を余儀なくされ、臨時政府によって自由を剝奪された。十月革命でボリシェヴィキが政権を獲得すると、家族とともに革命派によって処刑された。」

ボリシェヴィキというのはレーニンが率いた革命左派です。ニコライは日露戦争のときのロシア皇帝ですが、若き皇太子時代に日本を訪れています。

四人目は児島惟謙（一八三七―一九〇八）。この人の名は「これかた」が正式な読みですが、「イケン」と音読みで教わった人もいるはずです。山川の日本史用語集では次のように解説されています。「大津事件の時の大審院長。日露関係の悪化を恐れる成立直後の松方内閣・元老らは、犯人津田三蔵の死刑を要請したが、児島は大津地裁の特別法廷で担当判事に謀殺未遂罪として無期徒刑の判決を指示した。司法権の独立を守った判決といわれる。」

大津事件のことは、このあとで詳しく話します。大審院長は現在の最高裁判所長官にあたります。

最後の五人目は浜口雄幸（一八七〇―一九三一）です。山川の日本史用語集はこう解説します。「立憲民政党総裁。大蔵省から政界に入り蔵相・内相を歴任。一九二九年に首相。『ライオン宰相』といわれ庶民の人気が高かった。一九三〇年に右翼の襲撃を受けて負傷し、翌年に死去した。」

「ライオン宰相」というのは、風貌がライオンに似ているという事から来たのですが、実直剛毅な土佐人の浜口を、当時の人々は「強くて頼りがいのある首相」だと思っていたことがわかります。

この五人は、一八世紀後半から二〇世紀前半にかけての一六〇年余りの間に生きた人たちです。亡くなった時の年齢を確認すると、ナポレオンが五一歳、ボワソナードが八五歳、ニコライ二世が五〇歳、児島惟謙が七一歳、浜口雄幸が六一歳です。五人中三人が現在の私より若くして亡くなっています。

五　法ができるドラマ——刑法四三条はどのようにしてできたか

では、これらの人々が刑法四三条とどうかかわっているかを見ていきましょう。「法ができるドラマ」です。

さきほど刑法四三条を御紹介した際に、「実行の着手」という概念を御紹介しました。じつはこの概念は、一八一〇年にナポレオンが作ったフランスの刑法、ナポレオン刑法に由来し、そこから世界中に広がり、日本の現行法にも取り入れられました。

犯罪の時間的進行を考えてみます。殺人や窃盗といった犯罪を実行する決意をした人が予備行為すなわち準備をして、犯罪実行の故意をもって、実際にピストルの引き金を引くとか、物を盗み取る、といった行為に及びます。その結果、人が死ぬとか、物が取られるといった結果が発生します。結果が発生してしまえば殺人や窃盗が「既遂」となり、殺人罪や窃盗罪で処罰できます。ただし、殺人罪も窃盗罪も「未遂」も処罰されるのです。が、結果が発生しなかった場合、いつから殺人「未遂」罪や窃盗「未遂」罪で処罰できるかが問題になります。

この点、近代の刑法はみな「実行の着手」から未遂が始まると考えています。殺人や窃盗の実行行為が開始されて初めて未遂処罰の対象になる、ということです。平凡な考え方のようですが、歴史的には深い意味があります。フランス革命以前は、市民の自由が人権として確立しておらず、為政者の恣意的処罰が往々にして行われました。犯罪の実行行為に着手する前の決意の段階でも逮捕されたり投獄されたりした。場合によっては思想そのものが処罰されたことすらあったはずです。しかし、ナポレオンは、「実行の着手」以降でないと未遂罪として処罰できない、としたのです。つまり実行の着手概念は、いわば「人権の防波堤」なのです。

その意味でナポレオン刑法の未遂規定は、フランス革命の成果です。ナポレオンという人は複雑な人です。フランス革命の時は反革命勢力と戦った軍人でした。つまり王であるルイ一六世をギロチンにかけた側です。しかし数年後に自分が独裁者になり、革命を終わらせ、皇帝にまでなってしまう。一筋縄ではいかない。ただ、今日のお話との関係で間違いなく言えることは、ナポレオンは世界史に残る偉大な立法者であった、ということです。

ナポレオンが独裁権を握るのは、クーデタによるものですが、それは一七九九年のことです。その直後に作られた一七九九年憲法には、次のような付属宣言がついていました。

「革命はそれを始めた原理のうちに固定された。革命は終わった」

というのです。

ナポレオンはフランス革命の行き過ぎにブレーキをかけ、革命の後の混乱した社会に、安定的な秩序をとりもどし、長続きするすぐれた社会制度を作りました。その一方で、軍事力で勢力を拡大したヨーロッパのあちこちに、フランス革命の成果を広める役割も果たしました。革命の終結者であると同時に、革命の伝道者であった、という二面性をもちます。

ナポレオンが法典を作る審議をしている場を描いたとされる絵も残っています。当時ナポレオンは「第一統領」と呼ばれる事実上の独裁者でしたが、第一統領になった時わずか三〇歳です。びっくりしませんか。試みに、現在三〇歳つまり一九九三年生まれの有名人をネットで検索してみましたが、男性だと「霜降り明星の粗品」、女性だと「きゃりーぱみゅぱみゅ」がいました。(会場笑。)ナポレオンのすごさが実感できますね。どうやら年長の方々がぽかんとしていますね。ご安心ください、二人をご存じなくても、みなさまの生活にはなんら支障はありません。

立法者ナポレオンが特に誇りに思っていた法典は、一八〇四年の民法典、ナポレオン民法典と呼ばれるものです。一八〇四年はナポレオンが皇帝になった年でもありますが、この民法典の審議過程では一〇二回の会議のうち五七回の会議に実際にナポレオンは出席し審議に参加しています。これは驚くべきことです。軍人なのに法律にも明るいのです。じつはナポレオンは若い頃、ローマ法を独学していたことも知られています。そのようにしてナポレオンはフランス初の統一的な民法典を作りました。

ナポレオンは民法典(一八〇四年)の後も、民事訴訟法典(一八〇六年)、商法典(一八〇七年)、治罪法典(一八〇八年)、刑法典(一八一〇年)を矢継ぎ早に作ります。治罪法というのは現在の刑事訴訟法のことです。実行の着手という概念を規定した刑法典は一八一〇年にできており、これらの五つの法典をあわせて、ナポレオン五法典と呼びます。ナポレオンは近代法の歴史の中でも、燦然と輝く大立法者なのです。

ところで、ダヴィッドという画家に「書斎のナポレオン」と呼ばれる有名な絵があります。ナポレオン存命中の一八一二年の作品です。ナポレオンが五法典を完成した二年後ということになります。ナポレこの絵には、ナポレオン本人の立ち姿に加えて、彼の統治や業績を象徴する物が描き込まれています。おそらくナポレオンの自身の意向で書き込まれたアイテムです。ダヴィッドの絵にはナポレオンの脇と後ろに椅子と机が描かれておりますが、その上に載っている物が注目に値します。椅子の上には剣が載せられています。天才的な軍人、ヨーロッパの覇者にふさわしいアイテムです。それにもまして注目すべきは、机上に描かれている丸まった紙です。小さくてややわかりにくいのですが、じつはその紙にはCODEという文字が書かれています。フランス語で「法典」という意味です。実際、ナポレオンは、自ら心血を注いで制定した法典に強い誇りを持っていました。「我輩の真の栄光は四〇回も戦闘に勝ったことではなく、永久に残るのはわが民法典である」と述べたと伝えられています。

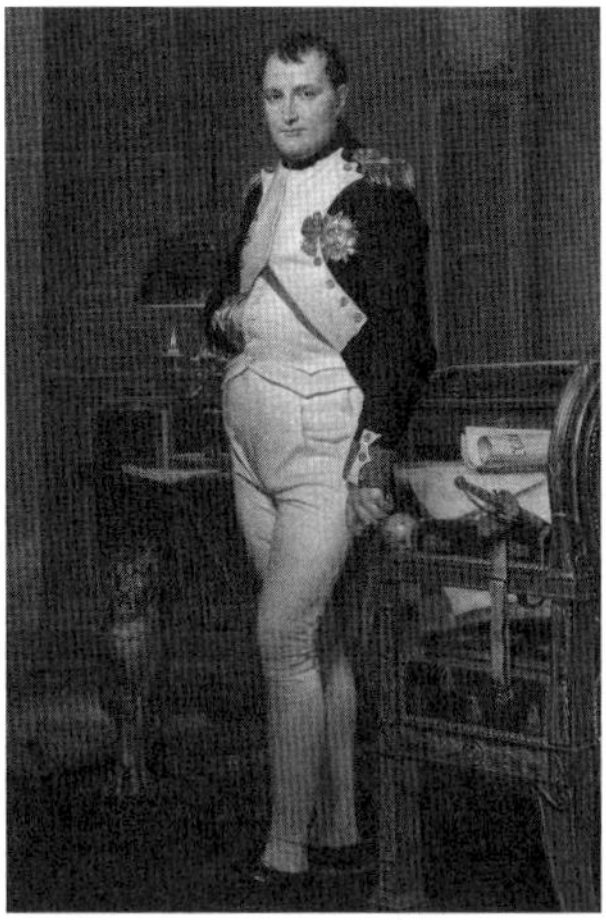
「書斎のナポレオン」（ジャック＝ルイ・ダヴィッド画，1812年）

ナポレオンの時代は写真がまだないのです。世界最古の写真はニエプスというフランス人によって撮

「アルプスを越えるボナパルト」（ポール・ドラローシュ画，1850 年）

影されていますが、一八二六年だと言われています。ナポレオンが死んで五年後です。だからこそお抱え宮廷画家といってもよいダヴィッドの描く絵が皇帝ナポレオンのイメージ戦略にとても貢献したのだと思います。ナポレオンは自己宣伝の名人でした。

一方、ドラローシュという画家が一八五〇年に描いたナポレオンのアルプス越えの絵があります（「アルプスを越えるボナパルト」）。一八〇〇年にナポレオンはイタリアに攻め込む際にアルプス越えをしています。その時の様子をドラローシュが半世紀後に描いたものです。ナポレオンはラバにまたがり、案内人がラバの轡をとっています。ナポレオンの表情は寒そうで疲れているように見えます。一言でいうと冴えない顔です。この絵は、歴史的事実を踏まえて描かれています。

じつは同じ場面をダヴィッドも描いています（「サン＝ベルナール峠を越えるボナパルト」）。しかもアルプス越えをした翌年の一八〇一年にその絵は描かれており、同じものが五枚も描かれて、ナポレオン支配下にあったスペインやイタリアに配られています。有名な絵なので、御存知の方も多いでしょう。アルプス山中で後ろ脚立ちした白馬に乗ったナポレオンがマントをなびかせ、右手は進むべき方向を指し示している。顔つきは精悍そのもの。ドラローシュの描いた疲れた表情とはまったく違います。現代の若者言葉でいえば、ナポレオンは自分の姿を「盛った」肖像画を描かせて、自己宣伝に使っていたわけです。

ちょっと話がそれましたので、また法律の話に戻ります。実行の着手はナポレオン刑法から日本の現行法が学んだものだと言いましたが、では未遂の刑罰の方はどうなっていたか。一八一〇年のナポレオン刑法は未遂減軽をしないのです。つまり未遂と既遂の処断刑は同一、と決めていました。一方、一八八〇年（明治一三年）に出来た日本の旧刑法は必要的減軽です。未遂処罰の処断刑は既遂について定めた法定刑を必ず減軽しなければならない、という規定でした。旧刑法はボワソナードが起草しています。フランス人であるボワソナードが、祖国のナポレオン刑法の規定とはまったく違う規定の仕方をしたのです。

「サン＝ベルナール峠を越えるボナパルト」（ジャック＝ルイ・ダヴィッド画，1801 年）

これについては、ボワソナードの人柄と学説に触れないわけにはいきません。ボワソナードは文明の中心にあるパリ大学の先生だったのに、東洋の小国、いまだ文明国とはいいがたい日本に来てくれて、二二年も滞在してくれた人です。来日したときの年齢四八歳。当時の感覚では相当の高齢だと思います。老教授と言ってもいいかもしれません。来日の決断をさせたのは、自

ボアソナード肖像写真（明治大学史資料センター所蔵）

分の理想とする法典を日本で作りたいという法学者としての情熱であったと思います。ボワソナードの刑法学説は、非常に客観主義的なものでした。行為者の危険性や内心の邪悪さよりも、客観的に生じた結果を重視して犯罪と刑罰を考える立場です。そのような立場からは、結果が発生しなかった未遂の処罰は、既遂より軽いものでなければならない、と考えたわけです。ただし、ボワソナードの作った旧刑法は比較的短命でした。一九〇七年（明治四〇年）には全面改正された現行刑法が出来て、本日御紹介している刑法四三条の未遂規定が出来ました。処罰はすでに説明しているように「任意的減軽」です。あちこち改正はしつつも、現在まで一〇〇年以上私たちが使っているのが、この明治四〇年にできた刑法で、未遂規定の実質的な中身は、一九〇七年から現在まで変わっていません。

ボワソナードの起草した旧刑法の時代、つまり現行刑法に変わる前に起きた大事件に大津事件があります。一八九一年（明治二四年）の出来事です。シベリア鉄道起工式に出席するために軍艦に乗ってウラジオストックに向かっていたロシア皇太子ニコライが、途中、日本に立ち寄りました。長崎、鹿児島、神戸と立ち寄って、琵琶湖を観光した折、現在の滋賀県大津市で、こともあろうに警備の巡査津田三蔵が皇太子をサーベルで斬りつけてしまった。津田三蔵は事件当時三六歳。ニコライは二二歳でした。

日本は大帝国ロシアの皇太子が来るということで、国賓待遇で手厚くもてなしていました。皇太子は、日本最初の寄港地である長崎では、ずいぶんとお楽しみになったようです。いろいろなエピソードが知られていますが、ひとつ紹介しますと、日本側が困惑した皇太子の依頼がありました。日本の入れ墨は素晴らしいと聞いているから、自分も彫りたいとの仰せだったのです。日本側は、よりによって皇太子が入れ墨なんて、と困惑するわけですが、最終的にはその意向に従いまして、彫師を二名呼んで皇太子のいる軍艦に派遣します。皇太子は彫師の示した見本帳をみて龍の彫り物を腕に入れることを希望し、実際に彫りました。後年、皇帝になったニコライが腕まくりをしている写真が残っていますが、それを見るとかなり大きい龍です。その後、皇太子は大津で津田三蔵に襲われてしまいます。津田は即座に取り押さえられましたが、その際サーベルを拾った人力車の車夫が津田を斬りつけており、津田もかなりの怪我をしました。皇太子の傷は頭蓋

ニコライ2世肖像写真（Wikimedia Commons より転載。撮影者不詳）

骨に達していたものの幸い致命傷ではなく、応急手当をして命に別状はなかった。取り押さえられるとき車夫に斬りつけられた津田もまた死ななかった。

津田の罪名は何か、が法律上は問題になりました。当時の旧刑法、ボワソナードの理想を反映した刑法には未遂の必要的減軽を定める条文がありました。

「罪を犯さんとして、すでにその事を行うといえども、犯人意外の障礙（しょうがい）若しくは舛錯（せんさく）により未だ遂げざるときは、すでに遂げたる者の刑に一等または二等を減ず」

というのです。必ず未遂の刑を減らさなければいけないので、普通の殺人罪（当時は謀殺罪といいます）で処罰するとしたら、謀殺罪の法定刑の上限である死刑を科すことはできず、無期刑が最高刑になります。

一方、旧刑法には次のような規定もありました。

「天皇、三后、皇太子に対し、危害を加え、または加えんとしたる者は死刑に処す」

というのです。この規定の犯罪は「大逆罪」と呼ばれております。危害を加えようとしただけで死刑になるこの犯罪には一一二条の未遂規定の適用はないのです。なお、「三后」というのは、皇后、皇太后、太皇太后を合わせて呼ぶ呼び方です。皇太后は先代天皇の后、太皇太后は先々代天皇の后です。

仮に、この大逆罪にいう「皇太子」が外国の皇太子も含んでいれば、津田を死刑にすることができます。しかし、この「皇太子」は日本の皇太子しか指さないことは立法過程から明らかでした。そして刑罰規定については、罪刑法定主義という大原則があり、類推解釈をしてはいけないのです。その結果、正しい法律論は、皇室に対する大逆罪は適用できず、津田は謀殺未遂罪になるから死刑にはできない、ということになります。

なお津田が皇太子を襲撃した動機ですが、ロシア帝国の皇太子は将来日本を侵略するつもりで国土の下見に来ているのだと考えたようです。真っ先に東京に行って天皇陛下に挨拶しないのも無礼千万。それどころか、長崎、鹿児島、神戸とあちこち立ち寄って念入りに侵略の下見をしていると考えたようです。

大津事件の発生は日本中を震撼させました。大国ロシアが宣戦布告をしてくるのではないか、巨額の賠償を求めて来るのではないか、と官民挙げての大狼狽となりました。当時「恐露病」という言葉もありました。そのくらいロシアは恐れられていた。ニコライには日本中からお見舞いとお詫びが殺到する中、三八歳の明治天皇はすぐに見舞いに行くことを決断し、皇太子を静養先の京都と神戸に見舞っています。そのほか事件発生二日後に山形県最上郡金山村は緊急に村会を開催し、村条例第二号を決議しています。

第一条　本村住民は津田の姓を付するを得ず
第二条　本村住民は三蔵の名を命名するを得ず

児島惟謙肖像写真（出典：国立国会図書館「近代日本人の肖像」（https://www.ndl.go.jp/portrait/））

いかに日本中が狼狽したかを示す興味深い例です。

当時の首相は松方正義です。松方内閣の大臣たち、そして明治の元老つまり伊藤博文、黒田清隆、井上馨、といった人たちは津田に皇室に対する大逆罪を適用して死刑にすべしと決定し、司法部に露骨に圧力をかけます。松方と黒田は薩摩人、伊藤と井上は長州人です。しかし時の大審院長・児島惟謙（宇和島藩出身）は、行政府がそのような圧力をかけるのは不当であるとして敢然と戦い、担当裁判官たちを説得した結果、裁判所は正しい法律論にしたがって、津田を謀殺未遂罪で無期徒刑とします。これによって司法権の独立と罪刑法定主義という法律上の大原則が守られた、というわけです。余談ながら、大津事件の勃発は松方正義首相と児島惟謙大審院長がそれぞれその職について六日目に起きた出来事です。野球でも選手交代して守備についた途端、その選手に難しい打球が飛ぶのを見ますが、それと同じ感じがします。

児島惟謙は「護法の神」とすら讃えられましたが、現代の評価はそう単純ではありません。現在は司法権の独立には、行政や立法からの独立だけでなく、裁判官の独立も含まれると考えられています。

事件の担当裁判官ではなかったのに上司として部下に判決内容を指示した児島は、「裁判官の独立」は犯しているわけです。

さいわい、ロシアはその判決の後も宣戦布告してくることも、巨額賠償を求めて来ることもなく、事態は落ち着きますが、この時に肝を冷やした経験は、旧刑法を改正して現行刑法ができる際にも援用されています。刑法改正の国会審議の場では、大津事件のような重大事件もあるから未遂処罰は任意的減軽にしておくべきだ、という議論が行われたことが記録に残っています。現行刑法四三条の未遂規定が任意的減軽になった理由はいろいろありますが、このような大津事件の苦い経験を根拠とする議論もその中のひとつにあった、ということです。

なお、犯人の津田三蔵ですが、謀殺未遂で無期徒刑となり、船で釧路の監獄に送られます。皇太子を襲ったのが五月、釧路監獄への到着が七月です。津田は監獄で徐々に衰弱し、九月下旬に肺炎で病死します。死刑をまぬかれて無期刑となったにもかかわらず、事件の四か月後には獄死している。当時の北海道の監獄は過酷な環境だったはずです。しかし、津田が収監されて亡くなるまでの期間は七月から九月ですから、気候的には決して厳しい季節ではありません。監獄に入った津田は、深く反省し、ロシア公使の前で自殺してお詫びをしたいと言ったり、食事を食べるのを拒否したりしていたことがわかっています。最後は病死ではありますが自ら死を望んで、一種の緩慢な自殺を遂げたのかもしれません。

六　法の上のドラマ——刑法四三条という舞台

ここまで、ナポレオン、ボワソナード、ニコライ二世、児島惟謙と刑法四三条との関わりを、「法ができるドラマ」と題してお話ししてきましたが、法ができたあとの、法の上のドラマも一つお話しいたします。

一九三〇年（昭和五年）一一月のことです。時の総理大臣浜口雄幸が東京駅で右翼青年に狙撃されます。犯人は佐郷屋留雄という右翼青年で、すぐに取り押さえられました。裁判を報じる当時の新聞を見ると、佐郷屋が手錠をしたままにこやかに笑っている写真が残っています。つまり彼は政治的な「確信犯」なのです。

さいわい緊急手術を受けた浜口首相は命をとりとめます。責任感の強い浜口は完全に回復するのを待たず国会に登院もしますが、そのような無理がたたって病状は再び悪化し、狙撃から九か月が過ぎた翌一九三一年（昭和六年）八月に死去します。

佐郷屋が狙撃したのは、財政緊縮政策をとる浜口内閣が、ロンドン海軍軍縮会議で海軍が反対していた軍縮に応じ、天皇の大権である統帥権を犯したという理由からでした。浜口首相が亡くなったあとも裁判は続きまして、最終的には一九三三年（昭和八年）に、東京控訴院は「殺人未遂罪」で佐郷屋を有罪とします。既にこの時は現行刑法になっておりますので、未遂処罰は任意減軽です。そして裁判官は未遂減軽をしなかった。その結果、佐郷屋は、罪名は殺人未遂ですが、宣告された刑は死刑でした。大津事件の苦い経験を踏まえた法改正が、浜口首相狙撃事件の裁判では役に立った、という言い方もできるかもしれません。

ただ、この佐郷屋という人は運の強い人で、死刑判決を受けたあと、恩赦で無期刑に減刑されています。この「減刑」は未遂減軽の「減軽」とは違う字を書きます。二つは別概念です。未遂減軽は裁判所つまり司法の判断の過程で裁判官が行う判断であるの対し、恩赦を行うのは行政の権限で、行政府が裁判で確定した刑を軽くするものです。恩赦は国家的慶事つまり祝い事に合わせて行われます。佐郷屋もその恩恵に浴しました。有罪が確定してまもなく明仁親王が誕生した。現在の上皇様です。その誕生を祝う恩赦で死刑から無期刑に減刑された。死刑にはならなかった津田三蔵が判決から数か月で獄死したのに対し、死刑判決を受けた佐郷屋は生き延び、後に釈放されて一九七二年まで生きました。歴史の皮肉というべきことです。

浜口雄幸肖像写真（出典：国立国会図書館「近代日本人の肖像」（https://www.ndl.go.jp/portrait/））

どうして佐郷屋が殺人既遂罪で処罰されなかったのか、疑問に思った方もいるかもしれません。その点補足説明します。

殺人既遂の成立要件としては、殺人の故意で殺人の実行行為が行われ、人が死ぬことが必要ですが、実行為と死亡結果の間に因果関係が必要です。浜口の死亡の場合、前年に狙撃されたことが原因になってはいますが、狙撃の際に穴のあいた腸から漏れ出した放線状菌という菌が腹腔内に広がったのだそうです。私には医学的なことはわかりませんが、裁判所は、当時の医学者の専門的鑑定を踏まえ、「かかる感染例は極めて稀有の事例」だと認定しました。このような、きわめてまれにしか起こらない原因で結果が発生した場合は、法律上の因果関係はないと判断されたのです。裁判所が採用したこのような考え方を、「相当因果関係説」といいます。

七 まとめ――法という「劇場」

以上、法ができるドラマに加え、法の上のドラマをお話ししましたが、最後に五人の登場人物たちについて、さらに補足をして「まとめ」といたします。

まずはナポレオン。

五法典を作ったあとナポレオンは、一八一二年にロシア遠征に向かいます。六〇万の大軍を率いてロシアに攻め込みますが、無残な失敗に終わります。九月にモスクワに入りましたが翌日モスクワがロシア側の放火で炎上。いわゆる焦土戦術をとったわけです。都市で食料を補給しようとしていたロシア遠征軍の目論見は外れます。食料不足のまま一か月後モスクワ撤退。零下三〇度もの酷寒のなか大量の死者を出した。一二月末にナポレオンの支配下にあったプロイセンにたどり着いたのは、たった数万人だったと言われています。また翌一八一三年には反ナポレオンに転じたプロイセン、オーストリアにナポレオンはライプチヒで決定的敗北を喫し、一八一四年にナポレオンは皇帝を退位します。翌年セントヘレナ島に流され、一八二一年に五一歳で死去します。

ナポレオンはもともと情報操作にたけた人でした。遠征先での勝利を自分で創刊した新聞に自分で記事を書いてパリに送るということをやっていた。実質的な敗戦を勝利と宣伝したことすらある。セントヘレナ島に流されたあとも、回想録を書き、ある意味、最後まで自分を神話化する試みを続けています。実際、ナポレオンの言葉とされるものには、本当に言ったかどうか、怪しいものが結構あります。たとえば、エジプト遠征で兵士に向かい、「ピラミッドの頂から四千年の歴史が諸君を見つめている」という名セリフを吐いて、兵士を鼓舞したとされていますが、このセリフを聞いたという他人の証言も記録もないそうです。ナポレオン自身が回想録に書いているだけです。また、「余の辞書に不可能という言葉はない」というセリフがあります。これは戦闘中、部下に難しい作戦を命令したところ、部下が「不可能です」と進言したのです。ナポレオンはそれを聞いて、「不可能というのはフランス語ではない」と言ったのが、その元ネタです。現代では一種のパワハラですね。（会場笑。）

二人目はボワソナード。

旧刑法典を作ったあと民法典の起草に心血を注ぎます。ボワソナードの民法典は一八九〇年（明治二三年）に公布されますが、「民法出でて忠孝亡ぶ」つまり、この民法典が日本の伝統的価値である忠孝に反する極端な個人主義に立つものだという批判を受けます。ボワソナードが心血を注いだ民法は結局施行が延期され、日本人委員の手で作り直されることになりました。ボワソナードはその決定をうけて、一八九五年（明治二八年）、七〇歳でフランスに帰国します。落胆して帰国したと思います。しかし、かつて外国人判事を登用しようとした日本に、主権国民としての誇りが根付いてきたことに慰められたかもしれません。心中は複雑だったと思います。帰国後のボワソナードは、地中海に面した南フランスのアンチーブという町で八五歳まで生きます。当時は日本に来ようとすると船でスエズ運河を通って来るしかなかったので、ボワソナードは、祖国フランスの中では「日本にもっとも近い場所」で生涯を終えたということもできます。そう池田眞朗さんが指摘しています。

二二年間日本に住んでいたボワソナードは、その間、たった一回しかも半年しかフランスに帰っていません。家庭はありました。奥様も一度だけ日本に来ていますが、すぐにフランスに帰っています。夫婦関係は破綻したに違いありません。日本にとっては大恩人であるボワソナードは、祖国フランスではあまり知られていない法学者でした。しかし、現在パリ大学には、後年日本から贈られたボワソナードの胸像があります。また、かつてボワソナードが教頭として教育を行った法政大学には「ボアソナード・タワー」と名付けられた立派なビルがあります。そして、アンチーブにあるボワソナードのお墓には、日本人の教え子たちからの感謝が刻まれたプレートが飾られています。

三人目はニコライ二世。

大津で遭難したニコライはその三年後に二五歳で皇帝に即位します。さらに一〇年後の一九〇四年に日露戦争が始まります。ロシア国内は不満が渦巻き、一九〇五年には首都ペテルブルクでニコライ二世に対して、労働者の権利、待遇改善などの経済要求と、立憲政治の実現、日露戦争の停止などの政治要求を掲げた請願が行われました。約一〇万人にふくれあがった労働者とその家族が請願のため宮殿を目指したところ、軍が労働者に発砲し、約千人の死者がでました。これは「血の日曜日事件」と呼ばれ、ロシアに国会が開設される「第一次革命」のきっかけになりました。同じ年には日露戦争の講和条約であるポーツマス条約が結ばれます。

さらに窮地の皇帝に追い打ちをかけたのが一九一四年の第一次世界大戦の勃発でした。ロシアの国内はさらに疲弊して乱れ、一九一七年には兵士の反乱、労働者のデモから労働者ソビエトが結成され、ニコライ二世は皇帝を退位せざるを得なくなります。これを「二月革命」といいます。さらにそのあとボリシェヴィキが支配する社会主義政権が誕生します。これが「一〇月革命」です。

社会主義政権成立の翌年の一九一八年、ニコライ一家は、裁判に掛けられることすらなく、ウラル地方の監禁先で従者ともども一家皆殺しにされています。享年五〇歳。

四人目の児島惟謙はどうか。

児島は、もともとは宇和島藩士の剣道師範でした。幕末には長崎で坂本竜馬らと接触し、大阪京都で勤王運動に奔走します。明治維新前夜の一八六七年（慶応三年）宇和島藩を脱藩し、倒幕運動に参加。一八六八年には戊辰戦争に討幕軍に参加し従軍しています。つまり近代的法学教育はまったく受けていない人物でした。しかし、先に見たように、素晴らしい気概をもって、時の内閣や元老の行政的干渉から司法を守った。

そこまでは有名ですが、児島が大津事件の翌年一八九二年（明治二五年）に大審院長を依願退職していることはあまり知られていません。そのきっかけになったのは、児島を含む大審院の裁判官たちが花札賭博をしたという嫌疑で懲戒裁判に掛けられたことです。児島は花札をしたことは最初から認めたものの、金銭のやり取りはしていないから何らやましいところはない、と主張し、みずから懲戒裁判にかけてくれと要求します。実際、金銭を賭けた証拠はハッキリしなかったようで、懲戒裁判は途中で打ち切られていますが、結局は道義的責任をとらされて、翌年、依願退職しています。

児島は、三〇代半ばで司法省の判事になっていますが、判事になって間もなく賭博罪廃止の建議書というのを司法省に複数回出しているので、賭け事が好きだったのかもしれません。人間くさくて、いいですね。（会場笑。）

児島の大審院長在任期間はわずか一年三か月でした。その後は帝国議会の議員になりますが、議員としての特筆すべき活動は特にみあたらず、一九〇八年（明治四一年）に七一歳で死去しています。

最後は浜口雄幸。

浜口については、その人柄だけを述べましょう。浜口の謹厳にして誠実な人柄は新聞記者や時に政敵からも讃えられておりました。たとえば、大蔵大臣在任中の誠実な答弁ぶりについて、ある新聞はこう書いています。

「いやしくもごまかしをやらない」「二に三を足せば必ず五になるような答弁」「初めて責任政治家を見る気がする」

首相になった後も、新聞はその謹厳実直ぶりをこう書いています。

「宴会でも芸妓に口をきかぬ、芸妓の存在を認めぬ、もちろんその必要など断じて認めない、かつて新橋で某芸妓に『あなたは明治何年度のお生まれかな？』ときいたのが空前にして絶後だという」

ロンドン軍縮条約で海軍の軍縮を決めた浜口は、東京駅で狙撃された際、駆けつけた医師に対して、「男子の本懐である」と述べています。もとより命がけで首相を務めているのだから、命を狙われてもそれは本望である、と述べたのです。そんな浜口を、主治医だった東京帝国大学医学部教授は、「人間としての生きたる理想的標本」と讃えています。

浜口が凶弾による負傷が原因で死去したのは、一九三一年（昭和六年）八月二六日のことでした。お気づきでしょうか、今日は八月二六日、奇しくも、浜口雄幸の命日です。

本日の話で、私は、法の世界にも、それぞれの社会的脈絡の中で奮闘した個人のドラマが満ちていることをお示ししたつもりです。この話が、ご自身の生きてこられた時代と環境の中でみなさんがなさってきた決断を振り返り、過去と対話をするきっかけになりましたら、大変うれしく存じます。

御清聴ありがとうございました。（会場拍手。）

（「富士の里市民大学」講演記録。二〇二三年八月二六日、富士吉田市民会館にて）

〈付記〉この講演は、二〇二三年八月二六日に、私の故郷である山梨県富士吉田市の「富士の里市民大学」

の講義として富士吉田市民会館で行ったものである。当日は、市民大学に登録している一般市民の方々にくわえて、四〇人を超える私の友人・知己が聴きに来てくださった。ありがたいことであった。

講演内容は、私の著書『グラフィック法学入門〔第二版〕』(新世社、二〇二一年)第二章の記述を基礎としつつ、文中で出典を明記した全国歴史教育研究協議会編『改訂版・世界史用語集』(山川出版社、二〇一八年)および『改訂版・日本史用語集』(山川出版社、二〇一八年)をはじめとして、多くの文献を参考にして構成した。講演記録という性質上、本文中ではいちいち注記を省略したが、参照した主要な文献の書名を左に記して、感謝を申し上げたい。

① E・H・カー(近藤和彦訳)『歴史とは何か〔新版〕』(岩波書店、二〇二二年)
② 松嶌明男『図説　ナポレオン:政治と戦争　フランスの独裁者が描いた軌跡』(河出書房新社、二〇一六年)
③ 杉本淑彦『ナポレオン:最後の専制君主、最初の近代政治家』(岩波新書、二〇一八年)
④ 上垣豊『ナポレオン:英雄か独裁者か』(世界史リブレット人 062、山川出版社、二〇一三年)
⑤ 池田眞朗『ボワソナード:『日本近代法の父』の殉職』(日本史リブレット人 087、山川出版社、二〇二二年)
⑥ 大久保泰甫『日本近代法の父　ボワソナアド』(岩波新書、一九七七年)
⑦ 楠木精一郎『児島惟謙:大津事件と明治ナショナリズム』(中公新書、一九九七年)
⑧ 山中敬一『論考大津事件』(成文堂、一九九五年)
⑨ 吉村昭『ニコライ遭難』(新潮文庫、一九九六年)
⑩ 城山三郎『男子の本懐』(新潮文庫、一九八三年)

エピローグ

あとがき

定年を間近にして、わきあがってくるのは、これまで実に多くの方々に支えられてきたという、心からの感謝の念である。健康に恵まれず生活能力もない私が、幸運にも大学教師の職を得て、大小の失敗や不首尾を後悔しつつも、なんとか還暦過ぎまでやってこられたのは、そういった方々のおかげである。

本書に題名で御登場いただいた方々だけではない。ほかにも、数えきれないほどの方々にお世話になった。全員のお名前はとても書けないので、本文中にご登場いただけなかった方々のうちごく一部の方のお名前だけを左に記して深謝したい。

まずは一橋大学の（元）教職員のみなさんから。中野聡学長と副学長のみなさん。副学長在任中に

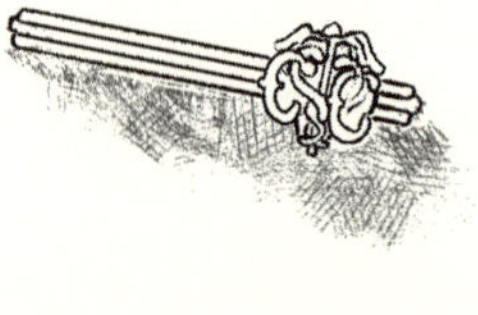

四年間も補佐し続けてくださった山本庸平さん。研究科長在任中に事務長として温かく支えてくれた矢澤昌江さんと平沼智恵さん。そして阿部涼子さんをはじめ当時の法学研究科事務室のみなさん。屋敷二郎さんをはじめとする法学研究科の歴代研究科長と同僚教員のみなさん。所属部門の助手を長年つとめてくださった相川睦さん。宮下典子さんをはじめ法学研究科共同研究室の親切なみなさん。役員補佐在任中の痛快な相棒職員であった市川さらさん。中国交流センター代表在任中にお世話になった志波幹雄さん、賈申さん、南裕子さん。同センターの歴代担当職員であった笠井怜子さん、中山リカさん、堂上吏美さんが、代表職の日々を愉快なものにしてくださったことも大書しておきたい。

大学外でまっさきに感謝したいのは、羽田治夫医師と芦谷正栄医師である。郷里の富士吉田市で開業なさっている羽田先生は、激しい喘息発作に苦しみ続けた二十代の私を、昼夜を問わぬ診療と点滴で何度も救ってくださった。また、芦谷先生は、国分寺市で医院を開業なさって間もなく患者となった私を、二〇二四年一月の閉院まで二九年間の長きにわたり支えてくださった。持病があり入院回数も一〇回を超えている私が、なんとか定年まで大学教師を勤め上げることができそうなのは、まったくもって芦谷先生のおかげである。

さらには国立駅北口にある卓球専門店「多摩スポーツ」の御店主だった故外谷寅雄さんにも特別の感謝を捧げたい。往年の名選手である外谷さんに卓球の基礎を教えていただいたおかげで、日本と中国に多くの卓球仲間ができた。

学生時代のゼミ仲間やサークル仲間、そしてさらには私のゼミのたくさんの卒業生諸君にも感謝したい。かれらとの長年の交流は、私の人生の喜びの大きな部分を占めている。

さらには、故郷の富士北麓の方々のことも忘れてはいけない。お名前をいちいち記すことはしないが、たくさんの古い友人・知人のみなさんが、折にふれ同郷の私を応援してくださった。山梨県富士吉田市の実家がなくなった今、その御厚情がいっそう胸に染みる。

本書の出版にあたっては、有斐閣学術センターの高橋均さんに終始お世話になった。また構想段階から有斐閣の伊丹亜紀さんにもお世話になった。カバーデザインやイラストは、一橋大学の元職員で長年のゲーム仲間でもあるアートディレクター河野由佳さん（YUKANO IDEA）にお願いした。

最後に、家族にも感謝したい。大学の同期生である妻の勢津子、長女の佐知、次女のふみのおかげで、大学教師として働く一方で、穏やかで楽しい家庭生活を営むことができた。

そういえば以前台湾で職業上の運勢を占ってもらったことがあった。「あなたは多くの援助者に恵まれている」と占い師は告げた。まことにその通りであったと思う。

二〇二四年九月

青木人志

青 木 人 志（あおき・ひとし）

一橋大学大学院法学研究科教授，博士（法学）

【略歴】

1961 年　山梨県富士吉田市に生まれる

1984 年　一橋大学法学部卒業

1989 年　一橋大学大学院法学研究科博士課程単位修得

日本学術振興会特別研究員，一橋大学法学部助手，関東学院大学法学部専任講師を経て，1995 年　一橋大学法学部助教授，2002 年　一橋大学大学院法学研究科教授に昇任，以後，一橋大学大学院法学研究科長，同中国交流センター代表，同理事・副学長を歴任

【主著】

『動物の比較法文化――動物保護法の日欧比較』（2002 年，有斐閣）

『法と動物――ひとつの法学講義』（2004 年，明石書店）

『「大岡裁き」の法意識――西洋法と日本人』（2005 年，光文社）

『日本の動物法〔第 2 版〕』（2016 年，東京大学出版会）

『判例の読み方――シッシー＆ワッシーと学ぶ』（2017 年，有斐閣）

『法律の学び方――シッシー＆ワッシーと開く法学の扉』（2020 年，有斐閣）

『グラフィック法学入門〔第 2 版〕』（2021 年，新世社）

アオキくんはいつもナス味噌
――大学教師，青春の棚卸し

2024 年 10 月 20 日　初版第 1 刷発行
2024 年 12 月 30 日　初版第 2 刷発行

著者・発行者　青 木 人 志

発 売　株式会社 有 斐 閣
〒101-0051 東京都千代田区神田神保町 2-17
https://www.yuhikaku.co.jp/

制 作　株式会社 有斐閣学術センター
〒101-0051 東京都千代田区神田神保町 2-17

デザイン・イラスト　YUKANO IDEA（河野由佳）
印刷・株式会社精興社／製本・牧製本印刷株式会社

ISBN 978-4-641-49017-8